Woman's Emotional Mirror

女巫的12面情緒魔鏡

12面魔鏡，
照出12種**情緒的真面目**

四月女巫 張瀞文——著

國家圖書館出版品預行編目資料

女巫的12面情緒魔鏡 / 張瀞文著
一初版一台北市：信實文化行銷，2009.04
面；16.5X21.5公分

ISBN : 978-986-6620-31-7 (平裝)
1.情緒

176.52 98002600

女巫的12面情緒魔鏡

作　　者：張瀞文
總 編 輯：許汝紘
資深編輯：黃心宜
特約編輯：簡玉書
美術編輯：簡華儀

發　　行：楊伯江、許麗雪
出　　版：信實文化行銷有限公司
地　　址：10696台北市大安區忠孝東路四段341號11樓之3
電　　話：(02) 2740-3939
傳　　真：(02) 2777-1413
網　　站：http://www.cultuspeak.com.tw
E-Mail：cultuspeak@cultuspeak.com.tw
郵撥帳號：50040687 信實文化行銷有限公司

印刷：漾格科技股份有限公司
地址：台北市中正區牯嶺街53號1樓　電話：(02) 2391-5059
總經銷：時報文化出版企業股份有限公司
地址：中和市連城路134巷16號　電話：(02) 2306-6842

2009年3月初版一刷
定價：新台幣300元

Woman's Emotional Mirror

女巫的12面 情緒魔鏡

contents

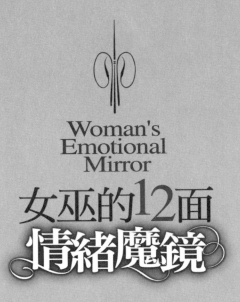

推薦序

與眾不同的朋友

和滸文結緣是在數年前一場短期研習課程——政治意味濃厚、所謂的「女性菁英班」。滸文在這些來頭不小的官夫人、高官、民意代表、企業界老闆族群中；她不多話，靜靜的觀察週遭，顯得特別與眾不同。

課程安排的老師都是一時之選，同學們為各界菁英也不遑多讓。課程中的Q＆A，幾乎是一場場精闢的辯論賽。還記得有一堂名為「女性的終極關懷」課程，台上台下你來我往的脣槍舌劍，從兩性平權到女性主義等高來高去的論調，好不熱鬧。滸文冷不防的提個問題：「在座很多女同學都是媽媽，利用週末假日來聽課，學校是否應該提供安親托兒設備？」台上老師當場傻眼，同學卻哄笑成一團；這是我對滸文的第一個深刻印象，連提問都如此與眾不同。

課程結束後不久，我參加了滸文的婚禮。這場再婚的婚禮儀式很簡單，來賓不多。不同於喜上眉梢的新娘子，滸文整場冷靜的雙眼，堅定的微笑，這位以鮮活生命走過前次婚姻死陰幽谷的新娘子，令人更加動容。

滸文學的是社會教育，輔導過許多心理諮商個案，或許見過的個案多了，也或許有個人豐富的人生經驗；她常說自己是「天生反骨」，也因此之故，這位成人教育專家對事物的解讀往往很特別，「直指人性」的點出別人看不到的盲點。

台灣這些年來心靈成長課程如雨後春筍般蓬勃發展，我自己上過心靈成長班，也參加過禪修營。課程結束回來上班的幾天，像是發光發熱的小天使，看辦公室的每一支燈管都比以前亮好多倍，看到每一位同事都想上前親切擁抱。但是很快的，淹沒在繁忙工作環境中，壓力與焦慮連袂而來，情緒依舊無疏通管道，回到上課前的原點，不知如何有效的方法去面對情緒。有時候，我會透過魚雁往返和瀞文請教情緒問題；或是利用她返台小住的時間，好好的促膝長談。

欣見瀞文《女巫的12面情緒魔鏡》一書出版，這本書不同於一般諮詢專家的提議，人無法也不必要去管理自己的情緒，作者帶我們去認識生命中的情緒、去面對情緒、了解與接受這些生命中的存在。如書中作者所言：「對你的心用功，覺察在每一個當下，在每一個當下看見自己的情緒，覺察自己的慾望，安頓自己斷續不止的意念。」

生命的所有發生，是老天的邀請，坦然面對一切，接受這人生的功課。人都需要成長，需要關懷，情緒更要時時提醒著、覺察著。

很高興和大家分享這本與眾不同的書，並感謝瀞文這位與眾不同的朋友。

劉彩轉

台灣空運運輸事業副總經理

作者序

成為自己一生追尋的人

張瀞文

每當工作坊開始的第一天，照例要求學員對夥伴訴說自己的夢想，令我傷感的是，常常有半數的人是沒有夢想的，而另外一半的學員，心中的夢想也是了無新意，不外乎想環遊世界，有人希望先生、孩子健康，或是自己快樂健康等等，更進一步問為什麼有此夢想，也說不出所以然來！

這些夢想說穿了，都只是自我期望的表層皮屑而已！或者可以這樣說，就像有頭皮屑，所以想去買去頭皮屑洗髮精，因為對生活尚有缺憾，所以編織出一些所謂的夢想，想填補心中的不滿足。

沒有夢想的人，卻一點都不敢相信自己可以填補生命的遺憾，終其一生只癡癡等著別人來施捨他一點幸福，就像依賴關係中的給給。

如果你的夢想只是著眼於眼前的生命表象，這些夢想在你生命終止時，是不可能真正圓滿了不停輪迴中的此世！

小女孩的我，曾有過一個夢想，希望擁有一個真正的小精靈，可以陪我說話，回答我的疑問，解我的憂愁，實現我的願望。漸漸長大的我，希望遇見一個老師，他一定是博學多聞的智者，可以隨在其側，讓他的智慧隨時洗滌我的疑惑。

當然，我也有像去頭皮屑洗髮精一樣的夢想，譬如說希望有一頭閃閃發亮的直髮，成為一個名滿天下的服裝設計師，變成一個不可一世的導演，我以為如果累積了什麼成就，或是完成了所謂的自我實現，在眾人的仰望之下，我就可能不再是個老是有困惑的人。

也曾經試圖在愛情中尋找這個人，愛情路上跌跌撞撞，總是遇見讓我有更多疑惑的男人，以為年紀大一點的男人，應該是比小男人有多一點智慧吧？所以愛上了一個自稱快跟太太離婚的男人，他送給我一個更大的問號包袱；接著，我就去流浪了，以為像三毛一樣，就可以解開像垃圾山一樣高的困惑。

一年一年過去，結了婚，做了母親，又離了婚。

也曾經想在神佛的階前領到免惑令牌，因為有所求，所以就不可免俗地以人的觀點來評斷神佛的優劣，求祂賜給我什麼，也怨祂怎麼沒給我什麼！

在憂鬱與病痛的谷底，曾經結髮的丈夫顯現了難以信賴的面目，我還有誰可以依靠呢？尋找依靠的想望更加強烈了！可是，命似乎已在旦夕，哪有力氣再去尋覓？

疼痛卻常令人驚訝，它似乎帶給我覺悟的契機，一個痛得無法入睡的深夜，我問自己，尋覓那個人對我來說有什麼意義？這個人如果可以解開所有的疑惑，對我而言又代表著什麼樣的意義？心裡有一個小小的聲音響起，它說：信靠，一種全然可以相信的感覺，一種被允諾的溫暖。是啊！這個人似乎就代表了信靠，我對生命的終極渴求。

發現自己對信靠的需求，就像需要空氣與水一樣。以前總覺得自己真倒楣，命真不好，值得信靠的來源總是不穩定，或根本就是斷炊，我老是仰仗著某些像去頭皮屑洗髮精一樣的東西，卻沒去思考為什麼會有頭皮屑？

難以避免地，過去的生命就被這些似乎可以讓我信靠的來源整得起伏不定，這些起伏又更讓我不滿，激起更多不安。

在自我治療中，逐漸自情緒的谷底中甦醒，對信靠的渴望從狂放舞動，轉為沉靜的流動，我仍舊亦步亦趨地隨著心靈深層的渴求，努力想嗅出誰身上帶著信靠的味道，值得自己去投靠。

然後，多年前，發生了一件事，意外地讓我了結了此生對外的追尋。

當時我在一個在家居士的禪修班共修，某二位禪修班的同修，在同修之間散佈對禪修老師的毀謗，認為老師的程度不足以領導共修。當事件越來越白熱化，我開始觀照自己是如何觀看我的禪修老師。

其實我有時也對他失望，嫌他說話不夠有學問，嫌他對我的讚賞不足，每當此時，我就會有換個老師的念頭，這個人啊！大概又不是我要找的那個人！只是我都將這些話藏在心中暗自思量，那兩位同修則大喇喇地到處說。

但是我又發現，大部分的時候我對禪修老師都是滿意又感佩的；對他不滿的時候，大多是他的行止與我心中「他應該如何」不完全吻合，又發現他竟然跟我一樣也是個不完美的人，心中遂有一絲絲嫌棄與被騙的情緒。

因為一直不能停止尋覓那個人，所以不可避免對每個可能的人挑挑撿撿，時時檢查此人是不是我可以信靠的人，當又發現所隨非人時，換碼頭就是下一個動作。

也可能繼續委身在那裡，因為還沒發現更厲害的人，等到有一天自以為超越了那個曾經追隨的人，就一腳把他踢開，又去跟隨另一個更厲害的偉人；或者，以為自己早已天下無敵，遂在另一個碼頭上自封為王，巨大的傲慢，遂隱身於所謂的精進修持當中。

在自我對話的思維中，我觀照了自己對於圓滿生命的渴求，長久以來被投射在這樣的尋覓之中，我問自己：「這樣的尋覓可能終止嗎？」

我很不情願地回答，「如果一直這樣下去，看起來是不能有終止的一天！」，我又問自己：「你還要花多少歲月與能量在這樣的尋覓、退出、再尋覓的循環之上？」

我無語了。

默默中，我聽到自己的聲音「不如讓自己成為自己一生追尋的人吧！」將尋覓的努力轉向自己，認自己成為自己渴求尋覓的人，滋養自己成為那個人，也讓自己成為別人渴望尋覓的人。

心，彷彿一朵白蓮的綻放，在人群中尋覓的不滿與無盡的評比，剎時如幻境般消散！

在轉向的尋覓中，無盡的比較沉默了！傲慢無地立足！慈悲靜謐地長養著，心識不需張狂舞現。

原來，我的性命，此時才真正被開啟！

導讀

馴養情緒，解百憂

張瀞文

情緒是情感狀態的變幻，每一個有生命的物種都擁有情感；因此，因環境的刺激而起心動念是不可避免的。當我們的情感被情境激發，進而產生轉變，不管是正向的或是負向的，被接納或是不被歡迎，都可稱之為情緒，因此情緒是身心靈的一部分，是內在於生命整體之中，無法將之排除，抑或抹滅。

情緒即是情感的變化狀態，如果情緒「被」加以管理，將增加生命整體的內部對立。在所謂的情緒管理中，經常難以避免地瀰漫著壓抑，以及更多無以名狀的情緒；我們只能透過與情緒建立真正的關係，進而與情緒互通信息，才能在順暢又無對立的心靈場態之下，因情緒而啟動被掩埋的正向能量，因情緒而重獲生命契機。

與情緒建立關係，開始於「理解」。想要達成真正的理解，深刻的自我觀照是最基本的功課，觀看自己的一心一念，觀看過往生命中的點點滴滴。

觀看，就如同為自己的生命場景，打上一盞明亮的探照燈，讓你能夠更清晰地重新詮釋與描繪過往的軌跡與未來的憧憬；此時，生命歷史中刻意被遺忘、被壓抑的創傷、迷惑、憤恨、哀傷，都將在觀照的過程中真切地再次浮現，真正的自我接納卻在此奇妙地發生，久不癒合的創傷，繼而得到治癒。

在觀照過程中，治癒你的只是你自己，不會是別人，因為你真正地認識了自己，也認出了自己本初的完美，你終於學會了如何珍愛自己，也知道怎麼去珍惜別人。

生命觀照訓練是將東方禪修中「觀」的技巧，結合西方心理學與社會學理論的心靈成長課程。生命觀照訓練一點都不特別，不誇耀地提供快速的門徑，這不是我的發明，我卻是紮紮實實地一路以此為生命實踐的圭臬，其中的冷暖精妙無法以商業廣告的詞彙加以描繪。

在參加課程的初始，可能不會像參加其他課程一般，感受到刻意營造的溫暖，甚至亢奮的情緒。因為我們不用燈光、音樂或是激奮的口號給予參與者在現實生活中缺乏的激情。

做這些設計其實很容易，時間會在這些活動中很快過去，消磨了參加心靈探索課程的焦慮感，更會讓你似乎帶了滿滿的心靈禮物離開教室，有一種消費後的飽足感。待回到現實世界，這些亢奮的熱情在生活中逐漸被消融，原來存在於內心的暗影又蠢然欲動，騷亂你的七情六慾，於是，你又得回頭去上同樣的課程，美其名為終身回訓。

對有些參與者與讀者，初探情緒是痛苦的，課程的內容發動了掩埋在深處的焦慮與不安。因為很多人都沒有習慣直接去看見自己，過去歲月中所建構的自我形象與實際每日運行的脈絡並不一致，更明白的說，他眼中的自己或是理想中的自己，與他在行動言談中顯示的自己，是有相當大的差異與對立。他也習慣做一些不相干的事情，來讓自己沒時間看見心中的暗影，即使日日夜夜隱隱作痛。

然而，課程中，我們給予一個安全的學習環境，期待你可以不再轉開照見自我的目光，當你願意將自己安放在從你所生情緒之中，種種負向的情緒便如同立於照妖鏡之前，翩然無所遁形，因此有機會消散於雲煙之中。

這樣的觀看的確是駭人的，彷彿洶湧的土石流狂奔到眼前，所有過去的傷痛、未曾流出的淚水，以及從不被允許出現的憤怒，都自然地尋獲出口；自我觀照的初始，如同為生命中的情緒大河開出一條有名有姓的河道，不必再遮掩，不必再流竄，你的情緒開始有明路可走。

有路，才能流轉，路就在照妖鏡中，照妖鏡在你心中，是否可以找到路，端視你願意面對自己的勇氣，俱不俱足。

閱讀這本書的每一篇文章，每一個段落，可能引發壓抑於生命底層的熔岩，過去被刻意堵塞的火山口，因為閱讀而激發的自我觀照，重新被揭開，淚水可能會毫不抑止地宣流，各種不同的情緒不斷湧現，不斷地剝離，你可能會痛苦得無以復加，不願意再閱讀下去，也可能因深埋的情緒終於能翻轉而出，而感受到前所未有的輕鬆與自在。

我能說的只是，勇氣是必要的，只有剔除結痂，傷口才可能新生，閱讀與參與課程一樣，都在為你創造一種返溯的情境，幫助你暫時出離紛擾，棄絕旁騖的拉扯，清理出生命中原本不屬於你的污染，引領你返回純淨無暇的生命本體。

用功也是必須的。帶著勇氣，對著你的心用功，用功閱讀、思考、實踐，學習對自己真正地負起責任。

當閱讀激起你的痛苦與情緒，請你讓自己安住其中，既不排斥也不評斷地觀看它，它就是你，你就是它，真切「感覺」你的感覺，真切「感覺」你的情緒，一旦看清楚了，你就不再害怕看見它，它的面目將即刻轉變，不再那麼可怕，不再令你憎惡，從此，也就不再令你痛苦不堪。

很多學生問我，為什麼覺得自己在課程中收穫很多，但是又覺得自己沒什麼改變，遇到事情還是常常以老樣子去應對，我只能告訴他，「你沒有讓已經初步轉換的思想與觀念，進一步落實在行動上」，徒流於意念與言語的成長，只將覺察儲存在心中，行動的能力並沒有成長。

如果沒有發生實踐的行動，新學來的知識雖然豐富繁美，卻只是舞台背後的假佈景，風光明媚卻無風動鳥語，固著而不可延伸，只能遠觀，卻不能當真；若知識真正被運用在實際生活中，景色到處唾手可得，新世界是可以無限延伸，這也是所謂的「後禪定」狀態，將禪定中的體悟，應用在日常生活的實修當中。

每一章之後所提出的實作練習，就是以精心設計的作業，幫助讀者在日常生活中，依特定方法，抓住每日可能出現的情緒，提供一個彈性的結構，幫助讀者在 聞與思之後進行實踐。

了然於自己的情感，與情緒自在共處，在活化的生命中追尋幸福，何需假他人之手呢？

第一章

情緒與你，互通信息

「向自己心下工夫的關鍵不只是在辨識出自己的意念與情緒，更要讓他們消融，在新的廣闊空間中消失。這有很多技巧。最重要的是，不要專注於情緒的內容上，也不要只專注在引發這些情緒的原因與狀況上，而是要追蹤這些情緒到它們的根源。」

——Jean François Revel《僧侶與哲學家》

情緒這兩個字，在你的生活世界中，是否代表著一種負面的人格特質？如果是，容我冒昧地說，你似乎正使用一種類似倒立的姿態，在觀看這個世界！

倒立的觀看形成一種倒錯暈眩的視覺，所有關係在此種視覺中逐漸扭曲變形，情感的傳遞自然找不到讓人舒敞的途徑，你與你的情感、你與別人的情感尋不著可以建立關係的通路，即使有溝，也難以有東西在上面流通，即使有橋可行，必然也是危危顫顫，無人敢過！

你是你自己嗎？

你與自己，一直以來，都維持著什麼樣貌的關係呢？

你是你自己嗎？或者你不敢是你自己？甚至那個真實的自己，根本就不被你所接受，是嗎？

你的存在，是為了成就自己的靈魂與肉身？還是只為了圓滿別人的生命？

如果你認定了自己的存在，只是為了圓滿別人，你能夠一生無悔地，接受如此的命定就是你應得的幸福，而安於其中毫不怨懟，你能嗎？

你投生此星球，只是為了努力累積擁有，以便向世界，證明你的存在與價值？還是你早已知道，自出生的那一刻，就具足了殊勝的價值，不需要透過外緣證實自己的存在？

你認為，自己值得只是為自己而活著嗎？還是，只在被需要的時候，你的存在才是有價值的？

你願意相信，與自己建立真正關係的可能性嗎？

你願意用自己的雙手，重新創造一個更貼近實存的自己嗎？

你是否鎮日繁忙？忙著建築自己的版圖，忙著與更多人建立有利益取向的關係，忙著讓周圍的人更喜歡你、更愛你；忙著去上課成長，為的只是讓自己可以擁有更多技術，以便讓更多人需要你，圍繞著你，讓自己有更多籌碼可以交換，以便更豐富生命中所有的關係。

是這樣嗎？

你唯獨忘記了一件事情，忘記了與自己建立關係，一種真正的關係，沒有被任何外來指令污染的關係，一種直接的，不需要靠任何媒介去證明的關係。

你覺得，一個不能辨識自己的心識波動的人，可以讀出別人的波動嗎？有能力貼近並理解所愛嗎？能夠真正愛其所愛嗎？他的愛能夠滿足所愛的人嗎？

眼前的你，又是誰？

你這個人，是許多過去堆積出來的，在這些過去歷史中，編織著父母、老師、書本、媒體、阿公阿媽的影子，過去生活中所有出現過的人、發生過的事情，都在過去的歷史中，紡上了紗，織上了線，繡上了他們的身影。

當某一天夜晚，孩子吃飯調皮，又打破碗，你一股怒火猛然竄升！大手一伸，一巴掌飛過孩子的小臉。

事後懊惱極了，以為自己只是因為孩子的行為才這麼生氣，熱愛成長的你，上過EQ管理的課，知道自己的憤怒與衝動傷了孩子的自尊，又恨這個孩子為什麼要惹你生氣，接著又為自己EQ太差，無法有效管理情緒，而深深懊惱自責，花了那麼多銀子，還是學不會管理自己的情緒，「我的悟性真低！」、「我真是差勁！」、「我永遠做不成好媽媽！」

你的情感在管理情緒的意圖中，激盪出更高漲的情緒，又偷偷地傷害了你的自我價值感，讓你對親職角色更沮喪無力，不知道自己為什麼這麼糟糕？

如果你一直在情緒的情節與末端不停地輪轉，只是想遵照專家教的步驟去管理你那可憐的情緒，我想悄悄告訴你，親愛的桃樂絲！可以送你回家的紅磚路，永遠不會出現在眼前，所有情感與情緒，只會像工廠中一罐罐的罐頭，而且是真空包裝那種，緊緊地被封住，一旦過了保存期限，就會開始在裡頭腐敗發臭，外面卻依舊完好亮麗，看不出一點異樣。

因為只是拼命管理情緒的你，大多只是把憤怒等情緒封裝起來，規矩地擺好而已，並沒有試著去發掘情緒的根源。

你只是納悶著，「我何必要這麼生氣？」心裡也明白這件事其實可以不必發這麼大的火，卻不明白為什麼自己如此不能自我克制呢？總以為只要妥善管理了情緒，用專家給的繩子栓好它們，下次就不會再有情緒叛亂了！

與情緒建立關係？或是用力管理它？

倘若你願意靜下心來，與自己建立關係，你也許會想起，三十年前也曾經發生類似的事件，只是挨巴掌的人是你，那個心靈受傷而哭泣的孩子是你。

當時的你掩面哭泣，內心卻潛藏著憤怒，你哀痛，也有不甘與渴望，心中質疑著父母的愛。三十年後的今天，你的孩子複製了類似的場景，加上今日肉體的疲憊與精神的困頓，心靈所記憶的負面情緒似閃電般與當下連結起來，當年潛藏的憤怒衝出封蓋，伴隨著今天的身心疲憊，搭著孩子行為的便車而爆發，你動手打了孩子，同時也替過去那個挨打的孩子報仇，遲來的憤怒還是發生了，只是，對象是你無辜的孩子。

如果願意在情緒來臨的當下，與自己的內在波動產生連結，循著情緒所攜帶的線索爬昇，情緒的根源便一一現形，身邊的人無辜受害的機率自然相對減低。

當情緒因為情感波動與外來刺激，而前來叩門時，你不需要管理它們，因為它們的出現不是示威遊行，不是作亂暴動，它們只是出現而已，真的只是出現而已，如同你所擁有的其他情感一樣，也如同活著、呼吸一樣，情緒只是在那裡流動著，來了又走，它不會無故逗留太久。

然而，你若是強力地管理它，因為你的管理，反而讓他走不了而被迫滯留，這並不是情緒願意的，它不願無故停滯著，動態與無常是它的原貌。

嘗試與自己建立關係之前，請試著把自己當作是一個別人，當你想與一個人建立關係，你會在一個開幕酒會上，敏方瞧見了一個男人，不知道是他的面貌、服飾，或是靈魂的振動頻率觸動了她，讓敏方想更進一步認識他，敏方會採取哪些行動？讓我們來一點異想！採取什麼步驟？

首先，敏方想認識他，但是腦中出現媽媽的教誨，讓她有些遲疑，但是今天她不想管媽媽怎麼說，今天是我的自主日，我要照自己的意願去行動。敏方靠近他，找一個當場可以汲取的話題，譬如說菜色、會場氣氛，或是稱讚他的西裝等等，他們就這樣攀談了起來。

接近與面對，是建立關係的第一步驟，每一個人都知道這是第一個步驟，但是有許多人就是沒辦法踏出這個看似簡單的一步，活生生地失去建立關係的機會。

在敏方的「應該清單1」中，她是不應該主動找男人搭訕的，媽媽說雪白純淨的女孩，只應該痴痴等著白馬王子來親吻她的臉頰，只應該乖乖聽從命運的安排，乖巧順從的女人才能得到幸福，才能得到愛。

聽話的應該就會讓可憐的主人掉進不應該的陷阱中！與情緒建立關係的機會也經常掉入以「應該清單」為藍圖所設計的各種陷阱中，此時，你的情緒將成為陷阱中哀嚎的困獸。

當情緒出現時，你可曾升起與它建立關係的動機？或者你總是即刻自動加以排拒？你是否總是告訴自己「好女人不應有情緒」、「情緒的表現一定會讓人覺得我不像個大男人！」於是，馬上拒絕情緒的接近，拒絕傾聽它的告白。

有時候，情緒被動等你去接近它，有時候情緒是那個想跟你搭訕的似曾相識的陌生人，可能因為它讓人不悅的面貌，或是你總是告訴自己不應該有情緒，於是，立即倉皇失措地推開它，甚至乾脆逃走！

這時候你跟你的情緒是同住在一個軀體的陌生人，甚至可以說是仇人，它仍舊在，你仍舊不承認它在，你跟它「應該」有關係，卻是無法建立實質的關係。

情緒的身分認同

繼續我們的異想！當那個看似可愛的男士對敏方有善意的回應，接著就是讓他認識自己，也詢問對方的姓名，也就是交換彼此的身分認同——姓名、工作，各種具有社會意義的身分象徵，原來他叫做維新，是位精神科醫生，「我在國中教書，太巧了！我的一個好朋友也在你服務的醫院擔任社工員。」他們藉由表面的身分認同，開始進一步的互動。

情緒也有表面的身分認同，當你感覺到憤怒、忌妒、悲傷、沮喪，這些都是情緒表面的身分認同，一般人都以它們被社會賦予的標籤，來理解這些情緒。

悲傷是軟弱的，女人比較容易陷於悲傷，男人卻不應該悲傷；忌妒是負面的性格，最喜歡使小動作，專門破壞別人的好事；憤怒是衝動的人特有的，容易傷人又害己，但是易怒的男人有時卻被讚賞，女人易怒則馬上被施之以性格污名；沮喪憂鬱象徵這個人的無能與懦弱，也代表此人可能社會適應力不佳，經不起環境考驗，甚至被貼上因為不想面對現實才會淪落至此。

當情緒向你扭腰擺臀發送訊息的時候，認知系統中的意義結構，就開始尋找對應這些情緒的標籤，這些社會標籤通常都會讓情緒張力更加擴大，讓你以為再接近它一點，就要掉入萬丈深淵之中。

其實，這些都是鑲嵌在自我中的深層恐懼所投射的幻象，或者可以說是你的「應該清單」組成的部隊製造出來的假象，它們不讓你了悟真相，怕自己因此沒了生存空間。

承認情緒的存在

可是，當成功地克服種種抗拒與情緒近距離接觸的阻力，情緒就會用各種直接或是迂迴的方式告訴你，「你好！我是你的憤怒。」、「親愛的！我是你的悲傷。」，「嗨！你的忌妒寶寶在這裡！」希望作為母親與父親的你，願意承認它的存在，傾聽他們的訴說。

假若當它拉扯你的衣角，用渴求的眼神瞅著你的當下，你卻假裝觀賞天上的雲，一付瀟灑自得的模樣，它將繾綣在你的影子中繼續等待關愛眼光的降臨。

敏方與維新在初步了解對方的表面身分認同後，如果剛好沒有其他人的介入打岔，他們在持續的互動中，將會不斷透露出彼此更深層的自我認同。

譬如聊起最近的選舉或是全球趨勢，就會透露對政治與社會發展的看法，也會透露個人對社會的參與是疏離？或是積極批評？政治態度是開放？或是激進？

也可能聊起同志運動，這就會顯露出彼此對性別角色的刻板印象與道德彈性，對性別角色與性行為的態度是否還停留在十九世紀？

當聊天時，雙方觀點出現不同，維新是以男人的立場堅持己見，覺得女人所見不如男人！還是為了順應討好敏方，而趕緊改變立場？這些都顯露出維新更深層的自我認同與行為取向，也給予雙方更多樣的資訊，以便在心中形成這個新朋友的認識，各種訊息藏匿在言談、手勢、表情與對話的轉折中，訊息越多，對彼此的了解也就越深越廣，認識的深度就在相互的溝通中逐步累積。

與別人建立關係的步驟由表相式的象徵性與工具性自我，漸漸步入對應深層心理結構的情感性自我。兩個人的互動如果只停留在象徵性的自我，他們的關係也將停留在表相或是公式化的互動，無法建立真誠且相互理解的關係，只有建立在情感性自我之上的互動，才能形成真正的關係。

與情緒建立關係，也是循著此途徑，有人總是如同蜻蜓點水一般，永遠與情緒建立某種點到為止的關係，有些人卻願意冒險一試，嘗試與情緒建立涵括著相互理解的關係。

與情緒建立關係的初始，可能是熱熱鬧鬧登場，或許是一場爭論，或許是一頓痛哭，當你接受這些訊息之後，靜默中的流動將會帶你走進關係的深層結構，慢慢地就有機會漫步到意識的核心地帶，看見所有情緒與慾望驅力的原始住所。

如果想要與自己建立真正的關係，就必須與內在蟄伏的情感產生聯繫，蟄伏的情感經常戴著各種情緒的面具，在心的意識流之前，跳著奇異之舞。如果能夠靜心欣賞奇異之舞，不要抗拒，也不加妄斷，你的靈性就會昇起，照亮心智的版圖，心智也會憶起通往心靈的地圖，你的心智與靈性便有了重逢的機會，自我在智與靈的重逢中得到整合，這就是與自己建立關係的路徑，也是一生持續不斷的終極課題。

為什麼靈性可以照亮心智？又為什麼心智必須被靈性所照亮？

我們的心智由社會文化所賦予，藉由家庭的教養與學校教育經驗而建構，心智不是先天的，不是所謂的智商，而是一組對自我生命與外在世界的假定，也是前面所說的意義結構，也是一系列由「應該」組成的心念與行動。

心智在現代社會的文化架構中，一直有著限制與否定靈性的傾向，這個傾向伴隨著工業革命與現代性的發展而擴張，集體的現代心智，不斷否認人類本來就擁有的靈性，並壓迫人類靈性的存在與發展。

靈性的外在呈現就是我們的情緒，也可以說是我們的情感狀態。

被壓抑的靈性，不得已地只好以負面的情緒展演自己，這時候，靈性能給予心智的禮物，變成一叢醜陋的自我認同，一種向下拉扯的生命力量，當靈性變成一個可怕的壞巫婆，心智卻成為巫婆的魔杖，壞巫婆用心智來施展巫術，否定世界的真與善，毀壞世界的美好。

假若你的心智不再壓抑靈性，自我將不必否定自己與他人的種種，也不必藉由否定別人來肯定自己，才有可能與靈性建立美好的關係，你的情緒面貌將是正面，而且美麗的，心智願意傾聽靈性，靈性有了通路彙整心智，源源不絕地為你提供生命正向的能量，而你，不就等於為自己裝設了一台生命發電機嗎！

電源接上了，愛自己的電源便不再匱乏，愛別人更不是難事了！

當你真正相信自己擁有足夠的愛給自己與所愛的人，便不再恐懼別人不愛自己，於是就不再須要在關係中使出掌控、撤退、攻擊、防衛等姿態，與別人的親密關係之間的石頭與圍籬，一塊一塊被搬離了，無疑的，愛的流動將謐靜地滋潤你的世界！

第二章 狂風為何吹起？

「你是誰？」小王子問道，又說：「你長得很好看。」
「我是狐狸。」狐狸說。
「來和我一起玩，我心情不好。」小王子提議。
「我不能跟你玩。」狐狸道。「我不是馴養的動物。」
「啊！你說什麼？」小王子問。
「你不是本地人，」狐狸說。「你在找什麼？」
「我在找人。」小王子問，「馴養是什麼意思？」
「人，」狐狸回答。「有槍，而且性好獵物。這點很煩人，他們也養雞，這些就是他們全部的嗜好。你在找雞嗎？」
「不，」小王子說。「我在找朋友，你說馴養是什麼意思？」
「這種行為常受人忽視。」狐狸解釋著。
「也就是建立關係。」
「建立關係？」小王子又問。
「沒錯！對我而言，你不過是像其他千千萬萬的小男孩一樣，我對你沒有需求。至於你，你對我也沒有需求。我就像千千萬萬的狐狸一樣平凡。如果你訓練我，讓我成為馴養的動物，那我們就會對彼此有所要求。對我來說，你是世上獨一無二的，對你來說，我也是世上絕無僅有的。」

——修柏理《小王子》

情緒是一隻有許多分身的精靈，它應該是隸屬於你，你也隸屬於它，只要你願意馴養它，就如同小王子馴養狐狸，實際上，狐狸也馴養了小王子。

馴養不是管理，卻是建立真正的關係，如果小王子管理了狐狸，他們的關係是建立在一種上對下的階層位置，並非平等的互動。在管理的關係中，小王子對狐狸的權力大於狐狸之於他，兩者之間流動的只是目標取向的暫時情誼；馴養則是互為主體的平等關係，真正的感情有路可走，也潤澤路上的風光。

因此，情緒是一隻與你互為主體、相生相息的精靈，你因牠而有精氣，因牠而有感覺，情緒精靈也依你而存在著。

情緒來自你的情感與思維，從你而生，如果只是想使勁地管理自己的情緒，必然與自己的情緒成為一種主僕式的階層關係，其中一定會產生壓抑、評判與是非對錯的對立狀態，與自己對立的結果將會造成更多負面情緒的滋生。

因此，情緒無法被管理，若不希望情緒老是目中無人地騎在你頭上，只有一條路可走，就是馴養它，與它建立平等且通暢的關係。

憤怒的原始面目並不是憤怒

憤怒也是一隻情緒小精靈。

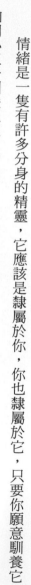

每一隻情緒精靈都豢養著一隻憤怒的小精靈，它們用長長短短的繩子牽引這隻百變的寵物。每當情緒精靈沒有能力守護你的情緒，或是想偷懶不工作的時候，就會叫小寵物出來張牙舞爪一番，讓你以為它正在努力工作，小寵物在狂叫時，情緒精靈自己可能正躲在一旁偷偷飲泣，或是因恐懼而顫抖！

讓我們回到維新與敏方的故事。

敏方與維新天南地北地聊著，心情其實是很愉快的，但是不知怎麼，想起早上出門時與媽媽的衝突，事情起於她的穿著。這是每天早上必定發生的多種戰役之一，只不過今天敏方不再被動順從，終於作了乖女兒不該做的事——頂撞，也就是所謂的忤逆父母。

敏方不願意像過去一樣壓抑自己的憤怒，她卻也沒有完全被憤怒所吞沒，在憤怒中，她嘗試著與憤怒情緒建立起某種關係，一邊讓憤怒得以顯露出來，一邊接收它想傳遞的訊息。

當憤怒情緒出現，它的主要目的就是要求敏方接近它，並且承認它。

在媽媽侵犯式的的關愛之下，敏方終究忍無可忍，衝破了不應該生氣的規條，一改過去不允許自己表達憤怒的模式，不顧一切把憤怒表現出來！讓憤怒顯現在別人面前。

這是敏方第一次不在媽媽面前壓抑情緒（在媽媽面前是不可顯出高興雀躍的樣子，更不可以表現出任何不高興的負面情緒），也是她第一次與憤怒情緒建立正面的關係，承認自己因為當下的某事而生氣，對自己，也對別人表達了怒火。

當她對憤怒開啟傾聽與承認之門，憤怒將會對她顯現更多訊息，她將發現憤怒情緒不是過去所認為的那樣醜陋，也不見得如母親所教誨的那般罪惡而見不得人。

憤怒不過是憤怒罷了！她開始放膽更接近地，去看清楚這隻小寵物在玩什麼花樣？

剛開始敏方只能發現憤怒的表面因素。

母親不斷的叨念，經常要求已經長大的敏方，必須像小時候一樣所有的事情都必須全然按照她的意思行事；以前的敏方，都是一味地忍耐，穿媽媽喜歡的衣服，玩媽媽認可的遊戲，做媽媽交代的家事，按照媽媽規定的方法在規定時間作規定的事情，從不回嘴，從不正面表達意見，但是壓抑與憤怒已經悶燒許久，今天終於再也承受不住而燃成大火！

衝突的表面因素是母親說，氣象報告今天可能會下雨，不允許她穿及地的裙裝出門，言語之間似乎女兒是生活白痴，一點都不會做判斷，敏方氣憤母親連自己穿什麼衣服都要指揮，氣她言語之間如此看扁女兒，「難道我不能有穿衣服的自主權嗎？難道我真的不會自己做判斷嗎？你為什麼不先問問我今天為什要穿這樣？」

如果敏方與當下的憤怒建立更深入的關係，會發現憤怒之後是一種被親密的人傷害的感覺，是一種受傷的情緒，充塞著悲傷、挫折與無助，心中滿是疑問。

「如果媽媽真的愛我，怎麼老是這樣對待我？」

得不到答案的情緒精靈不願意再工作了，因為敏方一直都沒能好好面對它、照顧它，老是只想逃離，從不與它建立馴養的關係，所以情緒就派出憤怒小精靈出列，讓自己可以喘息自憐一番，也讓自己可以假裝很勇敢堅強，暫時覺得自己依舊是有尊嚴的。

憤怒經常是幽重深沉的，深深地種在心田裡，與其他情緒交雜翻滾，受其他情緒支使而行動，它是一種外顯的表態；因此，當你無法從混雜的情緒中，區辨出憤怒背後的其他情感，就會以為憤怒是你所有的情緒，其實憤怒只是最表面的波動而已。

發現受傷的心，憤怒就會退位

如果你看得見那個受傷的自己，憤怒就會逐步退位，因為它只是受傷的心製造出來的煙霧！用迷幻煙霧來填補被打擊的自我價值感，作為因應對方攻擊的防衛招數罷了！假若敏方此時可以觀看到自己那顆受傷的心，並且心疼地接受它，受傷的心自然能夠開始跟她說話。

受傷的感覺幫助你，覺察到自己情緒能量的低落，低水平的情緒能量又讓人不敢相信自己有能力幫助自己，不由得想迴避，此時又是一個可能猝然關閉與情緒連結的關卡。

如果這時候作出讓自己逃離情緒的決定，譬如說馬上奪門而出，拼命哭泣自憐，找朋友訴苦，逛街買一大堆媽媽不喜歡的衣服（卻永遠不在她看得到的地方穿，或是永遠不穿），吃一大堆東西，甚至與朋友去狂歡喝酒到爛醉，甚至因為跟媽媽關係不佳，就盡快找個男人嫁了，這些動作都會讓情緒被押解到意識底層的壓力鍋中，它們都沒有消失，只是被壓抑，仍舊在你的心中滾燙沸騰，它卻再也不向你訴說隻字片語。

發現憤怒之下那顆受傷的心，卻不願意直接面對著它，對你的傷害，比僅僅停留在憤怒中，更要巨大。

受傷的心被看到之後，如果願意被主人所接受，接著，才有機會開始觀照，心是怎麼受傷的？傷口有多大多深？是什麼武器刺傷它？

受傷的心會問：「她為什麼要這樣對我？她為什麼要用這種方式傷害我？」

當受傷的心能夠開始問「為什麼」，就步入與情緒建立關係的第三個層次，接著就是真切地去找答案。

此時，若不努力去尋求答案，憤怒將會不斷悶燒，災情的擴大將是必然的結果，因此，你想退也是無路，只好逼迫著自己不得不繼續向心的深處去挖掘答案。

尋找答案的途徑，可能從自己的慾望與生命歷史開始，也可能從自己的起落不斷的細微心念開始，也可能從對方的種種行為與生命歷史開始。

倘若你想與自己建立更深入更真實的關係，對前二者的探索，比後者重要得多；對後者的探索，最主要的功能是讓自己能夠瞭知對方傷人行為的前置因素，進而較有可能稍稍地寬恕對方，當能夠寬恕傷害你的人，你才有可能治癒自己的創痛，這個部分在後面的章節會有更深入的討論。

敏方突然想跟維新討論早上發生的事情，此時，他們的關係似乎開始走入內在的情感性互動，至少，敏方已經開始願意將真實內在中，她認為可能不完美的部分，逐漸透露給維新知道，維新能不能做出對等的回應，就看維新是不是也願意讓敏方看見自我中較深刻的部分。

但是她不敢正面地問，敏方彷彿自言自語地喃喃地說，「今天早上，我跟媽媽吵架，為什麼媽媽總是要這樣對我？」

其實，這是她被媽媽傷害的心正在尋找答案，這顆心也擔心維新會認為自己是個容易與人衝突的女孩，不過因為某種不知名的因素，讓敏方甘於冒險向維新坦露自己不為人知的家庭隱私，敏方企圖與維新建立一種馴養的關係，用自己的情緒事件作為試探。

此時，維新也沉默了，他不希望自己在社交休閒時也是一個精神醫師，陷於情緒困境的人們，經常不願意以自己的力量去尋求答案，只是指望所謂的專家告訴他「正確」答案，其實，真正的答案只有當事人自己最清楚，醫師與諮商師只能以所獲得的有限資訊作推論，他希望這個讓她頗有好感的女孩，不要在初相識就依賴著他的專業，維新期待敏方以自己的能力，發展探索情緒的模式，必要的時候，維新再點出她的盲點。

所以他選擇與敏方一起在思緒中沉默，他暫時以沉默回應敏方馴養的試探，但是維新並沒有拒絕敏方馴養的邀約。

維新與敏方正開始互相馴養的歷程，他們的情緒精靈也是。

狂風的戲碼

受驚的狂風最愛到處亂逛
有時匆忙跑進電話亭穿上超人的內褲
有時慌張跳入相撲手的假殼中
虛張聲勢抖動著假肉
演成顫抖的戲碼

寂寞的狂風最愛到處亂逛
在路邊撿到了一隻沒人要的憤怒精靈
默默帶著牠遊走散步
渺小與無依自小精靈的腳步中洩出
聚成哀傷之湖

誰願意偷窺一下狂風的落腳地
在湖底
誰願意獨自潛沉　不恐懼
誰願意讓憤怒精靈歸于自由
在心的大街上
誰願意自在遊走　不擔憂

又起風了
這次狂風又演著什麼
風落靜之後
還留著什麼？

實作練習——分析並表達你的怒氣

有些情緒長久以來就被社會一般的認知所污名化，某些情緒如果被表露，當事人就容易被貼上負面人格的標籤，憤怒與忌妒是最容易被污名化的情緒，同時也被性別化。

許多男性常常只能，也只敢於表達憤怒情緒。

男人被允許發怒，卻不能示弱，不被允許顯現悲傷、無助，所以憤怒常是男性唯一被允許顯露的情緒，他也只敢允許自己表現憤怒，此時才能無損大丈夫氣概，又能抒發情緒，最後卻導致男人的情緒世界中只剩下憤怒情緒。當他焦慮、悲傷、煩惱，甚至失去所愛時，別人大多只能見到他的怒氣，甚至暴力行為，而沒能見到他需要撫慰的需求，與心中受傷的孩童。

男人發怒常被認為有氣魄，女人發怒則被披上情緒化與歇斯底里的標籤；因此在父權社會，情緒也被性別刻板化，男人在家與公司板著一張撲克臉不會被說成情緒化，女主管、媽媽如果臉色不對，就會被嘲笑是不是正在生理期？或是被當成所謂的不會管理情緒、低EQ的女人。

到底是男人EQ低？還是女人EQ低？只有上帝跟交通警察知道！

所以情緒經常以偽裝的樣貌出現，如果在情緒偽裝之後，連自己也相信自己的偽裝，憤怒風暴遲早會捲襲你的生命根基！關於憤怒的實作練習，就是幫助你表達怒氣，在適當的表達中，觀照憤怒所掩飾的真正情緒。

請你找出一件最近三個月內出現過的憤怒（如果你經常生氣，可以縮點期限），不管有沒有爆發出來，只要你覺得自己的確有生氣都算。

試著寫下事件的始末。盡量用條列式，讓事情發生的程序清楚呈現。

試著想想你在這件事情的表面因素上，怪罪或是譴責了哪些人？生了哪些人的氣？一一列出。

深入思考你對他們生氣的原因是什麼？也是一一列出原因，再將這些因素分成兩組──事務性因素（跟事有關，譬如說她不應該亂說話，重點在說話的該或不該），以及情感性因素（跟人有關，因為他說的話讓我難堪，重點在你的感覺）。

接著，請你誠實地又不設限地問自己，為什麼是這些原因會讓你生氣？為什麼有些人不會因為這種事情生氣，而你卻會因此而發火？

如果類似的因素一再讓你發怒，不管是誰對誰錯，那可能就是你的情緒按鈕。如果你常常讓人按到憤怒按鈕，或是常常自動啟動憤怒按鈕，請你老實問自己，最痛苦最不快樂的人是你？還是那個你發怒的對象？或是，你覺得雙方都不好過，如果你在意他，你希望他總是生活在痛苦怖畏當中，隨時恐懼著你的怒氣嗎？

請你誠實地又不設限地觀照自己，在事件中，你是否因為害怕衝突，或是想湮滅事件，而刻意擴大或是忽視了事件的某些部分？你是否拒絕承認某些事實？而這些事實是否一直是你不願意真正面對的？請老實列出。

在憤怒中，你是否有想要「贏」的期望，似乎輸了才生氣，為什麼贏對你這麼重要？

如果你是那種從不表達憤怒的人，也就是情緒與行為不一致的人，譬如你明明臉上已經有怒意，別人問你「是不是在生氣？」、「是不是不高興？」你就嘛著一個很難看的笑容說：「我很好啊！我沒有生氣！」

倘若你習慣這樣，請你一定要在完成上述練習後，嘗試著就在情緒發生的當下，以單純又清楚的字句，適當又準確地向對方表達出自己的不滿與怒火。

所謂「單純清楚原則」，就是精確描述你的情緒給對方知道，試著讓自己用單純的意念——「我只是要表達我的情緒與意思而已，不是要與你衝突」，在此意念下，清清楚楚來表達自己，沒有反擊，沒有防衛，你的目的就僅僅是表達自己心裡的感受，不要管別人當時給你的回饋是什麼？只要你真正將自己的情緒描述出來，其他的都暫時擱下，如果你原本就知道對方不可能給你良好適當的回應，說完就可以離開現場，不需要去期望或是要求對方給你什麼答案。

好好觀照自己後續情緒的轉變才是你主要的功課，當適當表達了自己，又能夠觀照情緒面貌的變換，你自然逐漸擁有了一種分析行為與心念的能力，這種能力讓你不再落入傷人又傷己的一刀雙刃式的詮釋，所有看似惡意的行為其實都存在著某種非惡非善的原始動機，傷人的行為與言語可以是絕對的錯誤與罪惡，但是傷人的動機卻常常只是一種心理機制的展演，不過是脆弱又無助的浮動人心所造作的假相！

或許你現在無法深刻理解此意，當你認真讀完此書，也如實完成所有的實作練習，就能恍然理解此意。

你可以自己建構適合你使用的句型，有些專家會給你標準句型，譬如「我覺得……」、「我希望……」這些都不見得適合你的個性與說話習慣，所以你應該花點時間找出屬於自己的單純清楚句型與模式，對你來說，好處與用途是說不盡的。

譬如當你生氣了，可能一邊發抖一邊說：「你怎麼可以說這種話？」，或是怒吼地說：「你怎麼可以這樣對我？！」

如此的話語無法真正表達你的怒氣，你應該說：「你這樣做，讓我很生氣！也傷害了我！」接著如果你想知道原因，再去問原因，「你為什麼要這麼做？」

只是問原因，不需要替他找原因，也很多人喜歡替別人找原因扣帽子，用扣帽子來反擊對方，這樣的對話是白費力氣，不管你說對或是說錯，他都不會承認，最終你是白說了！

如果你真的很需要答案，而他也可能給你真的答案，就問他「為什麼？」不要給是非題，是非題不能問出答案的！

如果答案對你不甚重要，你又非常生氣，最好在盡可能清楚表達怒氣之後，就離開現場；表達怒氣不是為了要贏，只是為了要保護你自己不被壓抑的憤怒所傷，也不再被對方所傷。

如果對方總是態度惡劣地攻擊你，在表達怒氣之後就關掉情緒接收器，不再接收信息，只是打開情緒放送開關，放出你的感覺，但是還是要用前述的清楚簡單原則來表達自己。

有很多專家說，怒火一起就趕快離開，事後再解決。我認為除非你已經具備可以自己紓解各種情緒的能力，不會讓情緒久留你心；如果你不嫻熟此能力，諸如快快離開現場這類的方法，是絕對無效的，如此只壓抑了情緒，無助於關係的化解，更無助於你內心的平靜，衝突依舊是存在於你與他之間。

如果事後，再找當事人去表達，可能難以找到機會，更有可能的是對方根本就否認他的言行，他可能會反咬你一口，反而是你被貼上小心眼，脾氣不好的標籤，讓你像個啞巴媳婦一樣，有苦說不出。

最糟糕的是，在這段時間，你無法紓解憤怒的情緒，內心不能克制地一直重演當時情境，憤怒必然愈積愈巨大，你一定難以避免地被自己的憤怒打成嚴重內傷。

他人有意或是無意的中傷，就如同向你投射致命的手榴彈，記住！千萬不要傻傻地把別人扔過來的手榴彈死命抱在懷中，能躲就躲，躲不掉也要趁早丟了它！

如果你是那種生起氣來，比大地震還震撼，或者是生起氣來就口不擇言的人，也應該努力練習使用單純清楚的表述法，來刪截你的無量無邊的怒火，這對你來說可能比較困難，卻可以真正改善人際關係，常常丟手榴彈給別人，哪一天也可能會被自己炸死！

我的建議是當你的無名怒火又燃起，先讓自己停十秒鐘（同時用肚子深呼吸，從一數到十，或者更久一點），接著問問自己，「生氣真正的原因是什麼？」

記住！一定要確實回答自己，等回答了自己後，要氣再氣，要飆再飆。這時，噴火龍大概已經對著天空噴出一部分火，壓力也稍稍減低（對著天空噴火比較不會燒死人！頂多燒到麻雀。）

接著，適當地表述自己的感受（對自己或是身邊的人）。然後，你就可以問對方為什麼要說這些話？或為什麼要對你作這些事情引發你的怒火？

切記！問這些話時，你必須盡量讓自己呈現一種非指責的姿態，還是秉持「單純清楚原則」，讓對方覺得你只是單純想知道他為什麼要這樣做，實際上你應該也是不解於對方的行為才會生氣，所以給他機會為你的怒氣作解答。

得到答案後，接著與你原先預設的理由做對照，試想跟你猜測的有幾分相似，可信度有多高，你願不願意相信，如果在這些思維之間，又有情緒升起，試著在用單純清楚的表述，再一次說出你當下的情緒，如果你依舊是很生氣，說完就離開，不要管他如何反應。

接下來的功課就是，你自己如何平息怒火，跟對方無關了！

上述的種種技巧，以前你或許從未聽過，也未曾嘗試過，所以乍聽之下會覺得難以執行。但是，請你誠實問自己，經常被激怒，對你的生命狀態而言，難道不也是個大難題？試著做做看，相信我，生命一定會越來越不難！

第三章

恐懼中，覓安定

「他能成為偉大的勇士，是因為他沒有意見，只是在覺察；而將情緒牽扯進情境當中的對手們，對他則全無招架之力，因為他穩紮穩打，在對手們的恐懼中縱橫無礙，伺機施以有效打擊。因此，學習與瞭解是一位偉大勇士必備的特質。」

——創巴仁波切《動中修行》

你與自己親密嗎？你敢貼近地與自己在一起嗎？

你知道自己心中滲透著恐懼嗎？你知道自己在害怕什麼嗎？

你是否清楚是什麼驅動著你生命中所有的追求？

請潛回到內心深處，問問那位跟著你很久的「自我」，最想要什麼？最懼怕什麼？為什麼懼怕？如何才可以讓感受到真正的生命喜悅？需要做些什麼，或是不再做些什麼，才能夠免除心中的恐懼，或是無由升起的無助？

恐懼與憤怒是雙胞手足

恐懼與憤怒像是一對雙胞手足，只是恐懼的膽子超小，又害羞多了，經常躲起來，讓憤怒來替它出頭！

相對於憤怒顯露出來的力量，恐懼顯著渺小又無用。

當一個人覺得恐懼時，不管恐懼是來自某個具體的人事物，或是深層的潛意識，他的情緒能量必將盪到最低點，自我價值感將在警戒線附近徘徊，甚至降到低於警戒線之處，所以心靈系統就會自動示警嗶嗶作響，以尋求支援，這時候其他情緒即刻應聲而起，企圖將低於警戒線的自我價值感給回拱起來。

憤怒、忌妒這類表面上高能量的情緒，能夠造成某種力量的錯覺，這些情緒在必要的時候，自動如煙霧一般地瀰漫在保存自我價值的瓶子裡，讓你以為水位又高漲了。

這些情緒也讓人以為，這一切都是別人的錯，一定是有人在瓶子裡戳了個洞，或是一定有人惡意將瓶子裡的能量水偷走，才會害我如此狼狽，總是將情緒能量降低的源頭作出外在的歸因，這時候恐懼就暫時被忽略擱置，繼起的是埋怨指責的言語、報復的行動，或是攻擊防衛的行為，甚至連掌控都跳出來了。

維新在上班的途中遇到一樁連環擦撞，四台車撞在一起，但不是很嚴重，其中第一輛車主，一踏出車子就尋人破口大罵，手上還拿著傢伙。

其實是他闖紅燈不成而緊急煞車，造成後面的追撞，卻如此理直氣壯，這是台北市車禍戲碼的模範模式。

維新正塞在對面車道，將這一切都看在眼中，這個車主為什麼這麼生氣？還拿著武器，不知是用來攻擊？還是防衛？他覺得誰會攻擊他呢？他想攻擊誰呢？

看到他漲紅著臉，眼神透露著驚懼，維新發現這個男人其實是被突如其來的碰撞嚇壞了！手腳還不住地輕微顫抖，接著又被自己怎麼會這麼害怕所驚嚇，「我怎麼可以被嚇到呢？我是男子漢耶！我應該天不怕地不怕才對啊！如果讓人知道我被驚嚇，那多丟臉啊！」

又因為知道自己闖了禍，擔心後面的車主要求賠償，又害怕別人知道自己腳軟，所以就先擺出一副凶神惡煞的模樣，嚇嚇別人，也給自己壯膽！

恐懼精靈一遇到無法掌控的狀況，常常都是即刻手腳發軟不能動彈，在虛軟無力之際馬上派出雙胞手足憤怒精靈出列，憤怒精靈虛張聲勢地展開防衛與攻擊行動，忠誠地為它的手足服務，讓他的情緒能量看起來如同維持在正常水位，甚至更高漲。

最後我們一定會看到一個憤怒的英勇戰士，似乎正在為保衛自我疆土而奮戰，如果看穿了他的情緒，你會發現他只是個比手畫腳企圖揚起塵土，以掩飾拙劣招式的不良武士而已。

在緩慢的車陣中，維新冷眼瞧著這個人的恐懼如何驅使他的行為。

情緒的表象，如同滿臉油彩的小丑

情緒常常像是馬戲團裡很會翻跟斗的小丑，翻過來轉過去，你永遠搞不清楚他最初從哪裡跑出來！你也從沒有機會看清楚他那張塗滿油彩的臉！

真面目內包藏的恐懼，實在令人羞愧啊！(我怎麼可以害怕呢？爸爸叫我只能很勇敢！)

可是，小丑的笑臉又這麼虛假（做人怎麼可以這麼虛偽呢？老師教我們做人應該真誠實在！）

我到底應該把自己放在哪裡呢？我到底應該讓自己看起來像什麼？我到底應該是誰才好？

好困惑，好無助！只好不停地翻滾，不停地彷彿努力工作著。

我們的情緒最末端表現在外的言行，常常不是心靈最初所傳遞的訊息，如同在不停翻滾之後，逐漸凝固的混凝土，你如果認為混凝土的本來面目就是你當下所見，那是徹底的妄見！

小丑的臉混合了多色油彩，像極了情緒最外在的展演，倘若想看到小丑的真面目，只有追到後台，去看清楚尚未著上油彩的臉。

然而，你敢嗎？你願意看嗎？

那張臉就是你真實的面目，但是，經常與你期望的自我形象，你理想中的自己，有著相當大的距離，使你不願意正面看著它。

不願追上情緒的源頭，只是照著專家的建議妄想管理情緒，你大概永遠只能看到自己追著小丑大叫：「停一下，讓我管理你一下！讓我管管你怎麼畫這張臉！」

請你想想，在台前滿場翻飛就是小丑唯一的工作，他能停下來嗎？

想和自己產生互為理解的連結，就去後台仔細看看自己的臉，即便是偷偷摸摸，只看你自己願不願意。

小丑的臉象徵你的感覺。不願意承認自己的感覺，就如同為自己抹上厚厚的油彩，模糊的面容，讓心也跟著失去焦距！

虛假的油彩模糊了面容，也模糊了生命的容貌，刻意模糊了生命的面容就如同故意在通往感覺的小徑上放置障礙，有些障礙是美麗芬芳的盆花，有些是經年發臭的垃圾，卻都是迴避與自己赤裸會面的藉口。

感覺小徑阻塞不通，美麗的盆花逐日也會成為垃圾山的地基，心靈通道不可避免地仿若淤塞的直腸。

此時的你，有路，卻不願行。

路在眼前，卻自置路障，讓自己行不得。

否認感覺真的能變快樂嗎？

我有一個經常憤怒不平的朋友，他覺得讓自己不生氣的方法就是不去感覺，事實上，他卻是感覺最多的人，隨時伸出觸角偵測環境中的人事物對他的反應，常常覺得受傷，常常發現某人冒犯了他，像隻到處說自己沒有感覺的刺蝟，因為不敢去感覺，又害怕被傷害，所以只好永遠都豎起自己的刺，讓自己覺得安全。

凡是人都有感覺，但也常常不願意承認自己的感覺，甚至要求自己不去感覺。不去感覺真的會沒有情緒嗎？不去感覺就不會恐懼嗎？

宇宙萬物都是有感覺的，甚至一個石頭，一株花草都是有情有感的，除非死了，肉體才會失去知覺。否定了感覺，它還是存在，而你的否定只是增加意念與感覺之間的壓力與矛盾，否認所造成的內在對立就是負向情緒的製造工廠。

為什麼人們總想否定自己，以及別人的感覺？

可能是這些不受期待的感覺讓人不安吧！種種的不安來自躲在比情緒更深層地帶的恐懼與無力感，不相信自己有能力與機會處理這些情境，就把自己的頭伸進沙堆中，也把別人的頭壓到沙堆裡，讓自己眼不見心不驚，以為大家都變成沒有頭的傢伙，就可以假裝什麼問題都沒有。

當你不願意面對恐懼，心靈的自我防衛機制就自動啟動，幫助你否定恐懼的感覺；否定的防衛機制讓心靈表面上顯得風平浪靜，讓你的心靈以為自己依舊處於無驚無懼的安全地帶，實際上，潛意識深處卻正處於驚濤駭浪之中。

如果不試著去探尋情緒的源頭，讓自己走向探索情緒根源的道路，是沒有機會免除負面情緒的侵擾，你將永遠瀰漫在自以為充滿力量的迷霧中，一邊飲著美酒一邊觀看著幻想中管理情緒的美景，在你內心世界的真實舞台卻正演著殘忍地自我打壓、自我撕傷的戲碼。

想想看，當你對他人或是環境產生不滿，究竟的因素是什麼？

當你省吃儉用又花大錢給孩子去學東學西，孩子卻學得丟三落四，你爆跳如雷又心有不甘，在罵孩子又怨自己的時候，有沒有真切想過，自己到底在生氣什麼？當他成績不如你所預期，你又生氣什麼？當老闆沒給你預期的加薪時，你又為什麼不滿？刺激你產生情緒的答案一定不是你現在心中浮現的，如果早就知道這些情緒的真正根源，就不會有這些情緒了！

你只是生氣孩子不如你期望嗎？只是怨恨他浪費了你辛苦掙來的錢嗎？還是害怕孩子沒出息，讓你在親族面前沒面子又沒得炫耀？或是恐懼自己老了以後，沒有一個成材的孩子可以依靠？怕自己變成孤苦無依的老人？

你對老闆的情緒只是生氣而已嗎？或是也有滿滿的失望？或許有著自己將不被老闆所需的恐懼？還是有不被看重的失落？你拿加薪來評斷自己的可利用價值嗎？是不是害怕這次不加薪，下次被裁員就是你？被裁員之後，會不會無所歸依？要去靠誰？大家一定會瞧不起我，怎麼辦？

除了隨處可拾的外在答案，你願不願意在過往的生命歷史中，尋找根源於生命歷史的答案。

請你深層地觀照自己，老實地回答自己，是不是因為某種恐懼？

你是不是常常害怕失去某些已經擁有的？懷疑某人意圖侵犯你所累積的一切？或是擔憂永遠得不到自己所企盼的人事物？抑或恐懼被遺棄？擔心不再被需要？憂慮自己再已無多餘的價值去換取被愛與金錢？

這些恐懼都根源自無時無刻需要藉著他物來確認自己的需求，以及永不止息地拿自己跟別人比較的心念，希冀永遠比贏，卻永遠害怕比輸，輸了意味著自己不夠好，也失去優勢，接著就自認為將失去了可以安身立命的安全場域，生命將無所依存！

情緒三角形

這其中形構了一個由需求、比較、恐懼構成的情緒三角形。

大多數人每天汲汲營營，為了什麼？買一棟房子？買任何一件名牌衣飾？或者看到存款簿的數字越來越高，就感到自己置身於安全處境？或是為了教養出一個足以讓你向全世界炫耀的孩子？

這些努力都來自一個根本的生存需求，無非是為了讓生命維持在一個安定、快樂的狀態，驅使你這麼努力的，其實就是基本生存需求所轉化成的種種心理與生理的需求，這些需求有時以慾望面貌出現，有時卻是藉由各種理所當然的理由，向你或是他人索求。

而這些慾望，以及非滿足不可的需求，大多在刻意與無意的比較之後乍然出現。

凡夫俗子很難不與他人比較，比較來自一種想要更確認自我面貌的心理機制，想要證明自己是不比別人差的，甚至證實自己略勝人一籌。

比不上別人會帶來恐懼與不安，因為這個社會強調競爭，輸了意謂著將被人踩在腳底，不得翻身，嚴重的話將無法生存於世；比不過別人，頭就抬不起來，自尊與自信就如同乾枯水底下的活魚，驚恐亂跳，無所棲身，無處可逃。

你需要不時與別人比一比，以便隨時檢查自己的生存指數與價值指數有多高，也拿親密關係中的同夥人或是你的孩子與其他人比一比。跟在你身邊的一大掛人，在比較之下，如果都比所有的外人強，比所有的外人棒，你就會覺得滿足而安全，深層的恐懼似乎減少了，至少你的腦袋瓜是這樣認為，只知道今天很快樂，因為又比「贏」別人。

相對的，如果比輸了呢？自我價值感的水平自然順勢降低，如果怎麼比都輸，自我價值感水平就升不上來，經常在枯水位附近徘徊。

低自我價值感的人慣常一心仰賴外來的滋養，不幸的，一心仰賴外來評價的人，最容易被別人的負面對待所打擊；倘若經常如此，他又仍舊期待自己被贊同，仍舊想藉著別人對他的挹注來提昇自我價值水位，對比較的需求就越發顯著，因為他需要透過不斷比較，來為自己加分，以提高自我價值感的水位。

此時，自我價值感的來源不是自身，而是他人，也就是說安定身心依靠的是外來的力量，而非自己內在的能量與自我的肯定。

然而，越是仰賴於外來力量，比較發生的密度就越高，當然受挫的機率就相對提高，自我認同就經常處於一種不穩定的波動狀態。

比較的動機不是醜陋而見不得人的，不過是想證明自己是個不錯的人，是個值得被愛的人，這些心理需求都是正當的。

比較的動機來自想要讓自己變成一個令人滿意的人，比較後如果得不到滿足，又會啟動另一波恐懼與新的欲求，他會問自己：如果我再擁有了什麼大概就不再需要害怕了吧？

沾染恐懼的心為求得平衡與安全感，又不由自主地想在比較中重獲自信與慰藉，欲求確認自己可以不須再害怕，於是，再次去與人比較，比較後又滋生新的需求，新的匱乏感又出現，一次又一次，如同不斷尋人比武的劍客。

如果幾乎每次都比贏，必然滋生更多慾望，以便讓自己繼續維持這個全贏的局面，如果比輸的次數比較多，一次又一次地被迫接受自己比輸的事實，恐懼就如泉湧般，自動在輸的情境中衍生出來，如此循環不已，這個三角形中就充滿了各種情緒，以及對自己與他人的不滿。

抱怨嘮叨的媽媽、好道人長短的同事、憤世不平的老父親，或是認為所有人都虧欠他的青少年，他們外顯的行為都是受到內心深層恐懼的驅使，不過在行為的末端已經見不著恐懼的真面目了，他們的恐懼都被換上其他情緒面目，譬如忌妒、憤怒、怨恨或是憂傷。

這些恐懼的根源來自過去的生命史，過去的經驗讓他覺得自己不夠好，或是身邊的人一直在提醒他：「你是不夠好的！」、「你真笨！你看某某人多好啊！」在這些壓力下，他必然越來越不喜歡自己，「我不夠好，別人就不愛我」的恐懼感日益加深，深切地期待別人對他表現出讚許與關愛，以便讓自己敢於相信自己是夠好的，是個值得被愛的人，別人的肯定也讓自己更敢於自我悅納，更喜歡自己。

因此，比較變成是一種證明自我價值的手段，不斷想在比較中試試看，自己是哪裡比人家差？我到底值不值得別人愛呢？比較的結果如果經常是對自己更加失望，比輸的原因又無法被尋獲或是承認，於是轉而口口聲聲都是對他人與環境的不滿與怨懟，所以這些永不止息地抱怨、嘮叨、憤怒，都不過是反映著對自己生命狀態的不安與失望罷了！

恐懼與算命

你愛算命嗎？愛算命的人也是抱著恐懼不放的人。

算命的動機來自對未來的不確定感，無能掌控未來的無助感，被延續成對不確定未來的高度恐懼，所以心靈機制不由得想去確定不可知的未來，以消彌心中的懼怕，以為這樣就可以活得比較踏實自信。

然而，被算過的命真會變得更幸福嗎？被算過的命就真的能夠被確認嗎？

當命相大師與通靈大師滔滔說著你的過去、未來與個性，當你點頭如搗蒜，直呼真準的當下，你就真的了解了自己嗎？如此到來的瞭解可以帶來生命的能量嗎？

當你花錢請高人為你論命，其實是花錢請他替你探索自己，而你以為只要花個幾張鈔票，就可以不必花費任何努力，也不必經歷任何心理成長的陣痛就可以認識自己，真是再划算不過的了！

說得更白一點，你以為花錢就可以請他替你除去對未來的恐懼，請命相師幫你畫出一幅與人比較後的理想圖像，讓命相師在你的需求與慾望後面背書畫押，以此增加你的安全感。如果他說的內容，不符合你的理想圖像，就決定不信這個鐵嘴，趕快再去打聽一個更靈驗的，以確保未來的幸福美滿。

這其中，最弔詭的是，自己過去與當下的生命竟然需要花錢讓一個素昧平生的人去告知你，然後你還感動地直呼：真是神算！

難道，你不能直接透過自己的覺察與回溯，去認識自己嗎？難道你只能透過一個命理師的排算，你才願意相信自己是誰嗎？

我好奇的是，當他拍案告知你的過去與未來的某一刻一定如何的時候，你真的可以不再恐懼嗎？

所有的深層恐懼都是來自，害怕自己不夠好，以至於失去別人的喜愛，失去好運，失去幸福，失去財富，失去生命的歸依。

為什麼我們都這麼擔心自己不夠好？這麼擔心自己無所歸依？

如果有答案，這個回答是令人悲傷的。

因為我們一直在有條件的愛中長大，在交換式、貿易式的關係中生活。

在成長的過程中，很少人會在沒有任何條件、前提之下，說我們是很棒的人，每一個讚賞都是伴隨著某些條件的完成，或是你擁有了某些條件。即便是父母對我們的讚美，總是有條件的，譬如男孩考試100分，或是女孩很溫順，做了很多家事，才會獲得讚美。

如果有自己的意見，愛玩，成績不好，就被當作是不乖、不聽話、不用功，我們總是以為，父母就會因此而不喜歡我們，不再愛我們。

先生、婆婆對太太、媳婦的讚美也是在這個女人逆來順受做牛做馬之後才會出現，不然就是帶很多嫁妝，或是替夫家賺很多錢，她才可能被認定是好媳婦。太太對先生的滿意度也是看先生的事業是不是為家庭帶來很多財富？是不是有送鑽戒給太太？晚上表現得好不好？

在當下這個社會，一個人是不是有價值，似乎取決於他有多少籌碼與人交換？他有多少籌碼可以取悅別人？

在愛情或是婚姻中，如果除掉物質條件，如果他不再有房子、車子、社會地位，你還會愛他嗎？如果答案是否定的，這些愛都是有條件的！這些愛都是建築在你的恐懼之上。

假使他沒有房子、足夠的金錢，在這個關係中，你的恐懼將無物得以鎮壓，所以你就不能無怨無悔地愛他了！

我們的教育與教養都是以餵養恐懼為基礎，校規、考試、訓導都是為了讓我們在高度恐懼之下，以便有朝一日可以成龍成鳳。

所以，當孩子差強人意的成績展現在你面前，也會引發你在教育經驗中累積的恐懼。現在的你，體會到錢這麼難賺！在社會激烈競爭中，即便是如此拼命，生存依舊是不容易的事。孩子的壞成績，即刻引發你的情緒聯想，你將自己怕被踩扁的恐懼，以及被糟蹋之後的自憐哀怨，混合成更嚴格的批評與管教，全部都加諸在孩子身上。

表面上是為他好，怕他輸在所謂的起跑點上，所以先把自己過去與現在承受過的摧殘，先讓他嚐！說這是磨練，以為這樣他就會成龍成鳳！其實這些都是你自己的失敗與創傷經驗在作祟，你以為他一定會步入你的後塵，在你的眼前重演你的過去，你不敢與這些不堪的回憶重逢，這必定讓你無法忍受，所以藉由對他的所謂關愛，拼命打壓自己的恐懼，這種愛是刀光劍影腥風血雨，你舉起劍對準已經幻化成你的孩兒形象的恐懼，猛力刺去。

這些都是日積月累形成的恐懼，你的一言一行，你的起心動念都受到恐懼部隊的驅動，然而，你卻從不願承認。

請問，你仍然用恐懼在餵養你心愛的孩子嗎？

恐懼有深有淺，幾乎驅使人們所有的行動。有的讓人不愉快，有些卻讓人得到比較滿意的生活，即使是如此，恐懼仍舊是恐懼！

一個每天到公園運動的老人，他不恐懼嗎？他努力維持身體健康的動機，表面上的因素可能是不想讓年老身軀成為子女的負擔，心中深處其實是不願意將來有一天臥於病榻，讓子女嫌棄，他有一個小小的擔憂與害怕，怕自己被子女的態度所傷害。

但是這個恐懼卻讓他擁有更活躍健康的晚年生活，他積極經營自己，變成一個讓子孫引以為豪的智慧長者。

恐懼不一定驅使人走向失敗，適度的恐懼其實是必須的，適度的恐懼反而可能讓你維持住一個基本的安全幸福的處境。

恐懼也可能讓人成為功成名就的工作狂。

在台灣的社會中，努力讀書不一定是因為求知若渴，奮發向上不一定是因為上進心強，而是極端害怕失敗。

童年那條因為考98分而鞭韃他的鞭子，化作無形的詛咒，日夜不停地揮舞著，成天恐懼在競爭中落敗，驅使他不停地往前狂奔，不敢稍停，父母、老師為他放養了一隻惡犬，他的一生都被恐懼變化的惡犬所追逐。

有些勤勉刻苦的父母，終生以身教與言教告訴子女，懶惰是罪惡，享樂是羞恥，只有勤奮才是美德，節儉不懈又累積財富的人才會讓人愛敬，才是有價值的人，結果他們的乖孩子就終其一生不敢懈怠，整天讓自己奔波忙碌，不敢善待自己，深怕善待自己就變成懶惰的人，不再被父母讚賞，生命不再有價值，他們也這樣對待他的家人、屬下、學生、朋友，自己鎮日被流口水的惡狗追著跑，還放狗子狗孫追別人。

或許可以說，恐懼是情緒的根源，在情緒三角形中，如果恐懼變輕了，情緒就不再如此沉重，比較反而變成一隻風箏，是一種在前面牽引的動力，而非阻力，也不是那種在後面拉扯，或是推擠的力量。

如何讓恐懼成為一隻飛翔的風箏？只要你願意感覺它，與它產生聯繫，恐懼其實是很輕的，它本來就有能力展翅飛翔，只要你願意解開鎖住它的鏈錘。

恐懼的油彩

小小孩問媽媽
小丑為什麼要當小丑
小丑臉上為什麼塗那些顏色
我可不可以看看他的長相？
媽媽揮動著手說
不可 不可 小丑真正的臉看不得
他的臉會嚇著你 恐懼的臉會嚇著你
假裝油彩就是小丑真正的臉
我們才能快樂地活下去

小丑聽到了
淚水潸然落下
油彩模糊了早已模糊的臉龐
小小孩有點害怕
伸手擦了小丑的臉
此時，雨落下
大手小手 和著雨水
一道一道卸去了面容
一點一點看到了恐懼
卻不再恐懼
卻不再恐懼

實作練習——抓出恐懼蟲

恐懼最喜歡吃愛，也喜歡嚇人，如果你不想讓別人給你的愛，或是你預備要給別人的愛，被恐懼蟲吃光光，抓蟲是很重要的。

關於恐懼的作業有兩個部分。首先做關於自己的作業，之後，再與家人朋友一起尋找恐懼。

一、尋找自己的恐懼

有什麼事情會讓你遇到或想起時，心頭一驚或是全身緊縮？有什麼事情是你一直不敢去嘗試的？我們可以分為幾個項目來尋找，請你一項項循序列出：

外在環境造成的突然驚嚇。譬如打雷、鞭炮、別人突然的拍打等等。

新的環境，或是不確定的環境造成的恐懼。譬如不敢去沒去過的地方，不敢獨自去旅行，黑黑暗暗的地方不敢去，不敢自己去上廁所等等。

對特定環境感到不安。如幽暗密閉的空間，茂密的樹林中，戲水的地方等等。

假想實際的人、事、物的失去，所造成的恐懼。如預想親人不在身邊或是往生，突然遺失隨身的東西，對天災的恐懼，或是身體健康或是突如其來傷害的恐懼。

對沒有擁有特定人、事、物感到不安。如沒有自己的房子，沒有擦香水就出門，在特定場合認為自己不夠體面，沒有固定的男女朋友，或是已經離婚沒有先生或是太太。

每一個項目都至少列出一項，在每一項後面寫出恐懼或是驚嚇的表面原因，接著花幾天的時間深刻觀照，這些表面因素後面還有沒有其他更深刻隱約的肇因，不斷地問自己為什麼對這件事情感到恐懼？

以恐懼的表面原因作為起點，深層分析到心念層次，或是心理狀態，漸漸地讓你的心念可以像電影底片一樣分格呈現，你將會發現自己的恐懼密碼。

觀看與描繪自己的恐懼之後，接著是行動的策劃。

先決定這項恐懼需不需要轉換？有些恐懼是無傷於心靈的，有些則常常造成生活的障礙，後者就應該根據自己的能力與環境，去設計消除恐懼、增加自信的行動計劃，在計劃實踐中讓自己得到轉換。

二、與家人朋友一起尋找恐懼

與家人朋友分享心靈的成長是必要的，如果只有自己成長，週遭重要他人仍舊是停滯不前，你們一定會慢慢走在不同的生命軌道上，無法相互認同，人際關係將日漸疏離。

此外，分享也是談情時刻，我們的教育機制從未教我們如何談感情，只教我們談事情，所以家人之間談的都是「事情」，而非「感情」，藉由特定主題的分享，可以練習如何分享感情與情緒世界。

在你觀照了自己的恐懼之後，與親友分享發現與心得，並且帶著他們回溯自己的心靈歷程。

但是，切記！有些人在別人敞開心胸時會感到畏懼，尤其在聽到別人揭露自己的脆弱與懼怕的當下，因為別人的自我揭露引發的他的深層情緒，此時，建議你以慈悲與同理與他一起觀看自己，談感情不需要玫瑰鑽戒，只需要有勇敢袒露的心。

第四章

舉妒火，照前路

「把潛意識的事物帶到意識層，還有另一個強而有力的理由。因為如此一來，不論是情緒上的 煩惱、莫名所以又不斷出現的惡劣心情、或是由別人按鈕觸發的厭惡，都可以停止。」

——安．多瑪斯《成熟女人的智慧》

或許你願意駕著戀與愛編織的風動，直接體驗婚姻中的種種流波；或許你願意在社會的期待下，直接體會成為父與母的浪濤：你或許也願意花費金錢與時間，取悅心中的無上的神靈，謀得祂的青睞，賜給你順遂的人生，永不背叛的愛人，能光耀你的聰慧孩兒。

但是，請想想，還有什麼是你從不願意直接體驗的？

是自己內在的波動嗎？還是同床共枕的她與他，意識波流的轉動？

你忙碌、快樂、充實，在這些安排好的生活中，是否安排了與自己親近？是否安排了機會，與自己建立真正的關係？

你是否願意看見自己，看見自己的恐懼、怨恨、快樂、忌妒與憂傷，如同清晨在鏡前的梳理，梳理與靈魂最親密的夥伴——你的情緒。

情緒是靈魂的裂縫，它是傷口，也是允許新生契機融入生命的開合，是傷痛還是愉悅，全視作為主人的你，接不接納它們？用什麼方式接納？情緒其實就是所有內在自我的展演，過往的生命經歷描繪出劇本的輪廓，有時情緒照著既定劇本循序演出，有時則意外地演出瘋狂插曲。

你的忌妒，是不是也反映著靈命的傷口？

忌妒是內心的呼喚

忌妒是一種呼喚，如同女巫施咒呼喚精靈的協助。

忌妒也是你的呼喚，想要喚來幸運、愛與任何消除匱乏的想望；但是，你又拒絕聆聽自己發出的訊息，厭惡自己的忌妒，因為忌妒情緒的顯現，讓你更不願意接納自己，以及自己的想望。

「我怎麼可以忌妒呢？那是心眼狹小的人才會有的情緒，我不是那種人！我一定不是忌妒他，是他自己不對，他不應該在我前面作那些事情！他不應該那麼成功！他憑什麼比我好？」

然而，你，是一個蹩腳的巫師，忌妒的呼喚原本具有神奇的力量，卻因為你以嫌惡的聲調發聲，讓它的咒語無法起舞呼喚精靈，失卻連結自我力量的機會。

湘芷，敏方的媽媽，在敏方用力摔上門之後，獨自陷在那個她覺得家中唯一屬於她的單人沙發中。

敏方，這個名字就是年輕時湘芷對自己的期望，敏於四方。三十年前進入婚姻，才發現結了婚的女人如自斷手足，要敏於四方，何其難？無奈地將自己展翅翱翔的夢想，寄望在先生兒女身上。

隨著敏方漸漸成長，母女的衝突卻越發激烈頻繁，每次發生爭執，湘芷心中都是溢滿憤怒，與某種程度的不甘心。湘芷是痛苦的，她為這個家庭犧牲這麼多，換來了什麼？專家不是說女兒比較貼心嗎？偉方卻比敏方貼心多了！

前幾天的一次口角中，敏方脫口而出的一句話，讓湘芷震撼至今，她說：「你忌妒我！所以才一直在扯我後腳，你才不是為我好呢！」

「我忌妒女兒嗎？」

當她穿著很有個性，展現自信美麗時，湘芷就無端地怒火中燒，或是當敏方的學業、工作有重要進展時，湘芷卻沒有辦法心口如一地去讚美她，總是不能克制自己，說一些酸溜溜的風涼話，甚至刻薄地嘲諷她。

湘芷問自己，「我為什麼會這樣？」真的是如敏方所說，因為期望自己如她一般，卻又不允許自己如此，因為壓抑自我，所以產生這種傷人又傷己的情緒嗎？或是根本就是忌妒女兒，可以做自己年輕時根本不可能去做的事情！

孩子的成長過程，湘芷一直是盡一切可能陪在身邊，如同所有人對模範母親的期待一般，她總是用高標準來要求自己。直到丈夫離家出走後，才不得已又開始到市場擺攤子謀生。

對於作為一個母親的付出，湘芷是自豪的，她覺得自己沒有愧對任何一個孩子。

但是在母職生活中，湘芷的生命卻日益匱乏，她沒有很多野心，只是有些期盼，很想有多一點自己的天空；但是意識中對女性的角色認定，卻不允許她做出滿足自我發展的決定。

當女兒順利考上大學，進而攻讀碩士，身為母親的欣喜卻掩不過多年來氾流不已的失落，「如果不是弟弟，如果我不是女兒，我也可以戴上那頂方帽子，我的人生將會不同於現在。」

每當這樣的念頭昇起，心中就滲出濃烈的酸楚，腐蝕湘芷當下的心，痛的感覺，讓情緒不由地爆發出來，使她不能像一個母親一樣地說出溫暖的讚美，讓她難以表現出以敏方為榮的樣子。

很顯然的，敏方正走在一條湘芷以前沒有機會走的路上，同時湘芷也日漸老去，歲月、青春、期望與夢想，所有的一切都不可能再復返。

雖然她很想如同年老的母親所教示的，把兒女、先生的成就當成是自己的成就。然而，當所有生命選擇之後的自然結果，一覽無遺地攤在眼前，已過中年的湘芷才知道這些都是欺騙女人的把戲。

一個奴隸如何能在耗盡一生之後，將主人的榮耀歸于自己？尤其當奴隸憶起過去的鞭韃與匱乏；如果一個女人把自己當作家庭的附屬品，讓自己如同家庭的奴隸，這些主人們怎麼可能在她耗盡一生之後對她表示感謝？他們不過當做是奴隸盡她的本分罷了！

一個奴隸的忌妒

在奴隸耗盡一生之後，卻依舊一無所有，奴隸又如何能不忌妒主人的擁有？

此時，湘芷又問自己，「是誰要我變成家庭的奴隸？如果我沒有自願，誰可以強迫我？」

同樣是一個母親，同樣是妻子，是不是也可以不是那種自我奴隸的母親？自我奴隸的妻子？

她隱隱發現是自己，將生命設定成如此的型態，雖然他們是如此要求湘芷，但是她也從沒有直接去反抗、拒絕過！

失落感充塞著湘芷的靈魂，痛苦無力時時都是溢滿著軀體，每天早晚看見敏方進出家門，光彩亮麗地去外面開創自己的天地，讓她難以忍受。

「你是故意要現給我看的嗎？讓我知道自己有多沒用嗎？」

湘芷在心裡忍不住咒罵著，她知道這不是敏方的錯，但是她就是忍不住忌妒女兒的青春與機會，甚至嘲諷起女兒的愛情，甚至曾說她配不上某個登門拜訪的男子。

然而，身為母親的湘芷卻是為敏方高興的。

敏方就像從來沒有機會存在的年輕湘芷！現在的湘芷被長久以來的匱乏與壓抑所折磨，忌妒只是一個訊號罷了！

自我的湘芷與母親角色的湘芷同住在一個逐漸老化的軀殼中，互毆互罵。

「你可以去做你以前很想做，卻沒機會作的事啊！你失去那些，不是我的錯！」女兒曾經對媽媽這麼說過。

湘芷喃喃地問自己，「我可以嗎？誰准我去追尋自我？」

以前先生不希望，婆婆不准許，在家把孩子帶好，好好伺候公婆、姑叔、先生就是女人的本分；父母從小就說，男孩就是把書讀好，將來光耀門楣，其他什麼事都不用做，女孩的本分就是做好家裡的工作，煮飯、打掃，服務家中的男人，讓他們無後顧之憂！其他的事情都是非分之想，湘芷的媽媽說過：「有給你讀過書就不錯了！重要的是讓弟弟可以讀到高學歷，讓弟弟出人頭地。」

可是，湘芷困惑了！當這些發令不准的人都離開了，還有誰不准？

這些人化成一條條的規則，永遠活在湘芷的意識中，每天對她發號施令。

那個有著反叛念頭的湘芷，懷抱著希望的湘芷，卻不因為這些壓制而消失，她還是在那裡期盼著，當命令一下達，她仍舊反抗著，也仍舊遵守著。

真正的湘芷一直都在，她也認為自己必須當一個乖女兒湘芷、好媳婦湘芷、好太太湘芷、好媽媽湘芷；這麼多個湘芷，讓唯一的湘芷處於交戰狀態。

於是，遵守與反抗的動機，各自建造了許多堵對立的牆，情緒就在這些牆之間衝撞著，製造巨大的壓力，忌妒只是一不小心噴出的訊息而已，在其中激盪著，還有氾濫的哀傷與無聲的啜泣。

當年華老去，鞭韃她的人，一個個不在了，壓制的力量因此減輕，乖乖聽話的湘芷漸漸失去了靠山，常常被不乖叛逆的湘芷打敗，情緒就會冒出頭來，這時候的湘芷，其實不過是那個來不及叛逆的女孩！只是叛逆的應然對象從父母變成已經成長的兒女！

湘芷捲曲在沙發中，沉浸在生命中種種的妥協，與種種自願的撤退之中。

她卻一點一滴地甦醒，如果自己不先認為這些不准具有正當性，誰可以不准我！年輕的湘芷早就對女人的生命定出規範，即使多麼不願意，多麼不愉快，對父母、婆婆、先生的限制卻絲毫沒有反抗，因為湘芷也認為他們的要求是正當的。

結婚之後，湘芷就再也沒有一絲一毫的機會去扮演自己！公婆與先生對媳婦與妻子自有一套角色期待，那組期待不因為娶回來不同的女人，而稍有修訂，對他們來說，女人都是一樣的，不過是一個服務性的角色，不過是來作家事生小孩，傳男方的子嗣。

湘芷努力融入被預定的角色軀殼中，從沒有想要表達自己，從來不敢以為她可以讓這些人稍稍知道湘芷是誰，從來不知道自己也有責任讓這些人了解她；如果媳婦不主動宣示，他們當然不會想要理解湘芷的血肉中真正的流動，他們要迎娶的只是一個媳婦角色，他們在意的不過是如此而已。

而湘芷也一直都在呼應這些人對她生命的設定。

被妒忌焚身

在家庭中的她，只是一個女性的角色，不是一個人，她不是一個人，只是一個有很多責任與義務的女性角色。

這些如此對待她的人，並不是惡徒，其實這些人，包括她的先生與婆婆也是這樣對待自己，也只是把自己當作種種的角色，而不是一個真正的人，他們這樣對待自己，所以也如此對待身邊的人。

如此的人，當看見有人可以做他們不准自己做的事情，就會滋生忌妒，不由自主地去批評與

否定這些人與事；然而，他們都沒有機會覺察自己行為與情緒的來源，永遠認為是別人不好，是別人不對，都是別人的行為，引發他的情緒，甚至義正詞嚴地以為自己是在勸誡對方，是為他們好。

所以，這麼多年以來，湘芷是一個分裂成兩半的人，一個不言不語，幾乎死了，另一個對世界充滿埋怨與不滿，如同悶燒的活火山。

兩個湘芷中間有著極大的裂縫，隨著歲月遞嬗，裂縫中燒熾著熔岩烈火，讓她對過往與當下生命中的一切感到不平、憤怒，即使心中有愛意，也不能去愛，愛意變成不能克制的妒意。對於生命中最重要的人，因為親密的接觸，更是充滿了潛藏的忌妒，因為他們就像一面鏡子映照出湘芷的貧乏與失落，湘芷的生命豐沛了他們，他們的一切卻只能讓湘芷看到自己的不堪與匱乏。

被忌妒焚身的湘芷，有兩種選擇。

繼續作那個憤妒的母親，讓自己的怒火驅離所有愛她的人，最後孤絕度過晚年，印證自己對子女的詛咒，反正沒有人會愛她，所有人都虧欠她。

如果不願意成為一個讓人迴避的淒絕老人，另一個選擇就是，好好地看見自己的忌妒與不平，試著為自己失落的過去做點努力，試著以現在的湘芷去愛三歲、十三歲、二十三歲、三十三歲的湘芷，將壓制意識的規條狠狠拔除，用自己的愛，密密地填滿心中的情感黑洞，用自己的愛，深深地去愛自己，相信自己可以有品質地愛自己。

生命中的情感黑洞就是情緒的來處，倘若你願意靠近它，去看個清楚，黑洞就會幻化成鏡子，幫助你看清楚忌妒的面目，你才有機會拆解被壓制的情緒，將燎原的忌妒之火轉換成正向的能量！

忌妒顯示心理的欲求與不滿，相對的，忌妒也顯示你的渴望。

倘若，他擁有你沒有的，不是他的錯，也不是你的錯，是情緒三角形製造出你的忌妒，是你的恐懼、需求，與比較，召喚出你的忌妒。

先想想你與他比較的基點，合不合理？思考你到底忌妒他有什麼？

他所擁有的那些事物，對你有什麼意義？如果真的擁有了那些你所欽羨的，到底能滿足你的什麼心理與生理需求？

你是忌妒他有的東西，還是羨慕他擁有後的滿足樣態？

最後問自己，你有沒有可能，得到他有的？是不是有可能跟他一樣？如果有，就勇敢去追求！如果沒有，是不是有什麼替代方法？是不是可以修改盼望的內容？是不是可以轉變達成這些期盼的行動設定？

敏方的母親不過五十出頭，每天只敢穿歐巴桑裝，因為她一向怕被注意，怕別人看見她的不足與窘迫，其實湘芷也可以打扮得合乎年齡的時髦，可是壓抑慣了，不敢突顯自己，也不敢展現自己；如果遺憾自己學歷不高，可以註冊夜校繼續學業，或者在社區大學選修上課，但是湘芷實在不敢相信自己有能力再進學校讀書，她早在不能繼續升高中的時候，就剪斷自己還能讀書的自信；甚至敏方可以鼓勵媽媽再交個男朋友，以現在的年齡，結交真正心靈相契的伴侶。

其實，只要願意解除加諸於身的「不能」與「不准」魔咒，別人有的，你也可以去追求，忌妒之火可以變成一束閃耀的燈火，照亮你的前路。

嫉妒那把火，可以將你燃燒殆盡，也可以因此照亮內心角落的幽闇。

但是，要小心過度受到忌妒的驅使，過度地執著於慾望，可能讓火光投射出幻覺，引你掉入更深的情緒迷幻中，卻自以為已經超脫。

任何一種情緒，都可能帶你走往毀滅之路；但是，它們一定也同時為你指出一條解脫之路。如果你可以在情緒中觀照自我，真正地看著其中浮浮沉沉的自己，耐心勇敢地追溯來路，不論回溯的途中有多少不願意看、不願意想的情景，都勇敢地去觀照、面對，你其實已經走在解脫之路上！

忌妒 揚起鏡路

已然烈火焚身的你　忌妒著火山衝出的熔岩
熔岩！為什麼可以離開火山？
熔岩啊　你不准走　你應該與我同成灰燼
我為什麼只能與我同在
是誰不准　是誰不准誰離開
是誰啊　吶喊聲響徹天地
燃火的飛花　的我　揚起
揚起　一束翻飛的鏡路

實作練習——引妒火成明燈

觀照忌妒情緒，可以依主客體不同，分成兩類，一種是常常忌妒別人的人，另一種是常常被忌妒的人。前者通常自己都不願意承認，後者比較有可能跟別人分享她被忌妒後的情緒與困境。忌妒別人而無法克制，常常讓關係萌生障礙，讓自己被貼上善妒的標籤，所以人們都是千方百計想隱藏自己的忌妒，怎樣都不願意承認。

觀照的角度就是藉由自己的忌妒情緒，看清楚自己的欲求與匱乏，你會忌妒，不是因為此人或是此事的存在，他們是無辜的，你總不能讓所有你想要卻要不到的人事物都消失不見吧？想擺脫忌妒的煎熬，請你一條條列出讓你忌妒的事項，要誠實喔！反正只是你自己看，接著找出每一個忌妒事項對你的意義，為什麼這些人事物會引起你的忌妒？

讓他們變成你的鏡子，而不是刺你的那枚針。一定要記得喔！好嗎？！

被忌妒的人說起忌妒他的人，大多一付理直氣壯，甚至一付無辜的模樣，但是不論是能者招忌，或是愛現招忌，對當事人雙方都沒有好處，除了情緒受到干擾，忌妒者一定會作一些事情妨礙他，人際關係也會產生問題，甚至工作都會因此搞丟！

如果你常常被忌妒，又自認為你不是愛現，也不是故意要引來忌妒，一直納悶為何常常平白惹來忌妒？請不要浪費時間一直罵那個人或是抱怨自己太倒楣。

想要釐清自己招妒的原因，有一個功夫必須先去做，請你認真思考，忌妒你的人，他所認知的你，是不是與你心中認識的自己不相符合？或者，換個方式說，他眼中所見的你，是不是與你想給他看見的你，有所不同？是不是跟你自認為的自己，有很大的差異？請你問自己，為什麼會造成這種結果？

好好想想你平常展現給別人看見的形象，怎麼會與自認為的本來面目不符合呢？

這些就是你自己需要解決的問題了！不是忌妒你的那些人的問題。

造成這些氛圍的原因，僅僅是說話沒技巧，才讓人誤解你嗎？你的言談舉止，到底又顯現了什麼形象，傳遞了什麼訊息？他人眼中的你，為何與你心目中的自己不同？又為何當別人因你的言行，對你形成特定印象之後，他們會對你產生忌妒？

一定要自己深入去思考，不要只等專家來告訴你問題的答案，他不是你，不要把專家所分析的結果，當作是真正的你。

你如果只是把專家所說的記下來，這些充其量只能算是你的知識，不可能成為你的智慧，只有在將知識活用在生活中，深入思考並檢驗你的經驗之後，聽來的知識才會成為屬於你的真正智慧，這些知識才會具有實質的力量，促使生命的展演與轉換。

思考完以上的問題，請作下面關於忌妒的三個作業，作業的對象可以包括手足、配偶、男女朋友、同事、朋友、父母等。

找一個你忌妒的人，跟他分享你對他的忌妒。

不要生氣抱怨或是哀怨訴苦，抱持一個單純的心念，使用「單純清楚原則」，可以先表態，告訴他，你正在做一個練習，想對他說明你對他的忌妒，用單純且適當的措詞與語氣去表達，你最忌妒他什麼？你因為忌妒，曾經對他或是對自己做過什麼事情？譬如說，他買了一件衣服，你就跟著去買一件類似的。

對於這個傾吐的對象，你的感受是什麼？是愛，是恨？還是無奈？你是喜歡他，還是討厭他？

再者，更重要的，真實對他說出，你對於忌妒他這件事情的感受？也就是忌妒他，對你而言好不好受？有何效應？對你的生命有什麼影響？你是苦於其中，自責甚深？還是覺得都是別人的錯？或者你發現因為忌妒他，反而生活有不同的進展與收穫？或是以上的情形都有？

最後，與他完成對話之後，自己靜靜地獨處一段時間，好好觀照自己完成此作業後的心情，有什麼情緒昇起？好好地擁抱此時的自己！

找一個你覺得很忌妒你的人。

跟他說明你的作業，用坦承的態度，希望他說出忌妒你的原因，但是聽完後不要試圖去解釋或是化解，只是聆聽與領受他的情緒與感覺，不要給他任何回饋！

這題比較難！要讓忌妒你的人說實話，你需要先表現出非常坦誠的態度，讓他覺得安心，認為你不會譴責他，更不會對他不利，他才會願意說。如果完成了，這將會替你開一扇新的心窗，改變你與他的關係。

與前一題一樣，靜靜的獨處一段時間，回想此人給你的回答，好好觀照自己的心情，最好可以寫下此時的心情。

找一個人，只是跟他分享，你從未與人透露的忌妒。

這個人必須是開放的，不會隨意批評譴責別人的那種人，最基本的，此人一定要有傾聽的能力與意願，不要找一個滿手武器的人做為這項功課的對象。

分享後，問對方對你的觀感與評價是否與過去不同，並觀照與他分享忌妒之後，自己感覺的轉變，包括分享時的細微轉變，與傾聽回饋時的感受。

第五章

踏寂寞，自在漫遊

「這麼多年以來，教育並不建立人的信心，所以人並不相信自己可以當家做主；教育並不鼓勵人去創造，所以人的想像力有限；教育並不進入人的內心，所以，人總與人有著曖昧的距離！」

——史英，創造性教育重建《人本教育札記，二〇〇〇年九月號》

人與人之間總有著曖昧不明的距離，所以，人們總是夜夜擁著斷續不止的寂寞，而我們依舊是不願接受這距離的曖昧，寂寞就更加蝕人了！

寂寞、疏離與孤獨

寂寞是一種主觀的感受，是某種相對期待下，因失落或是欲求不滿足而產生的情感狀態，有著某種虛無的特徵，是靈魂的一種餓的感覺；寂寞有時會突如其來地瀰漫著，讓你找不到原因，有時就像是一種生命的常態，如同空氣一般，經常都圍繞在你身邊，更多的時候卻是情境中某種條件被撤離後而產生，譬如與情人分離後的寂寞。

疏離則是相對性的狀態，通常會有一個或是多個對應的客體，如果沒有對應的客體，就沒有所謂疏離這回事了！

另一種與寂寞相似的狀態，是孤獨。

願意孤獨，也了解孤獨的人，不會將寂寞感知成痛苦與不愉快的情緒。

寂寞是被迫的，因為情境難以令人滿足；孤獨，卻經常是孤獨者主動去攫取，刻意去維持的心理狀態。

願意孤獨的人，也是可以忍受寂寞的人，也是喜歡寂寞的人。因為只有在孤獨中，才可能營造出一個充盈著虛空與自在的脈絡。

獨立自主的自我，只有在孤寂與虛空中才可能完滿成就；這樣的人，於是在孤獨中，才有機會釐清生命的意義，以及那些斷續不止的慾望，才有機會漸漸具備了回歸自我的能力。

在與孤獨共處的虛空中，心智與靈性得到整合，生命的完整性，於是了然於靈命之間。

喜歡浸淫於孤獨者，他不會認為自己的寂寞需要別人來填補，寂寞來臨時，心靈不易受寂寞啃蝕，換言之，他的寂寞也是不蝕人的。

寂寞、孤獨、疏離是負面，或是正面的情感狀態，端看此人是否擁有像想力與自主性，也取決於此人是否相信自己擁有創造生命的能力與權力。

你的幸福誰能給你？

如果在教育歷程中，只學到去服膺規則，遵循標準答案，不敢相信自己握有創造事實的可能，於是，永遠只等著有人告訴他正確的答案，等著有人替他打分數，等著別人給他獎賞。這樣的人，對生命的創造額度，頂多只能做到積極主動去聚斂財富、名位，以為自己有了這些之後，就會得到社會的肯定，進而得到別人的愛，然後就可能永遠不寂寞。

男人以為有錢與地位，就可以擁有嬌妻美妾，有些女人以為經濟獨立或是握有家中財務大權，就有錢可以裝扮塑身，只要維持青春不逝，男人就會永遠愛她，有些女人則以為只要對男人服務周全，讓他無時無刻都需要她，男人就不會變心愛別人，嬌妻美妾與忠心不二的男人，這些就是他們自認所能得到的幸福了。

但是，他們的幸福都必須來自他人，必須透過多種外在媒介而輾轉獲得，他們的幸福也必須謀得他人的允許，才可能回流在掌中，終究的是，他無法與幸福取得直接的連結，總是需要透過某些媒介的允許，才能獲得所企盼的福份與美好。

他們不能，也不敢去直接去創造自己的幸福！只是努力地創造自己值得被施予的條件，只敢允許自己等待別人所施予的幸福。

當寂寞來臨的時候，覺得匱乏失落的時候，只能等待別人的挹注，「自己也可以愛自己」對他或她而言，是個神話，因為標準的答案應該來自父母、老師、老闆、先生，「我是沒有資格給自己什麼幸福或是快樂」除非透過某些媒介，譬如某些東西，或是某些人。

就如同某些人自稱神的代言者，堅持信徒必須通過他才能與神溝通，而你，卻相信自己只能透過某些東西、某些人才能讓自己快樂，透過這些中介物才敢確定自己的存在與價值，才能確認自己心靈的脈動與欲求。

寂寞，正是可以幫助自我與心靈直接連結的情緒；然而，很遺憾地，很多人看見寂寞就掉頭回轉，不願再往前走。

你的寂寞包裹著你自己，牽著你的心靈，想要與你相會，而你卻不願意見它，轉身去找相命師，找靈媒，捧著辛苦賺來的鈔票，拜託他們告訴你，你到底是誰？

孤獨也是一種生命的本質，沒有一個人不是孤獨的。

當你疼痛難耐，再怎麼愛你，再如何與你親近的人，都不能替你承受疼痛，當你欣悅快樂，他也不能完全感受如你同質同量的快樂，在這個世界上，沒有人可能與你有著完全相同的思維與感受。

當你承認了人本具孤獨之後，所有獲致的關愛，都彷彿成為錦上之花，所有收到的給予，不再用來填補無底的慾望黑洞，任何善意的互動都會讓你欣喜滿足；在如此的心中，蝕人的寂寞，根本不可能現形。

資本主義社會的商機，因為人們混淆了孤獨與寂寞，有了無限擴張的機會。以前流行的電子雞，大人小孩都愛的**Hello Kitty**，各種讓成人與小孩迷戀的玩具，珠寶、化妝品、服飾、渡假休閒中心，甚至各種情色販售，都是為了餵食人們的寂寞，與寂寞的人們。

商人們天天在廣告中告訴你，孤獨與寂寞都不是常態，寂寞是不對的，是無能的象徵，孤獨是人際關係不好，是沒人緣！一個人獨處是不對的，趕快找一件事去做吧！趕快找一個伴吧！趕快去消費你的寂寞吧！趕快找個人愛你吧！沒人愛，你就是沒價值的人！快戴上那款鑽石項鍊，才會有人愛你！他如果買鑽石送妳，妳才是他獨一無二的最愛！快點去迷戀吧！努力去娛樂吧！沒錢娛樂，你就太遜了！所以努力販賣自己吧！快點用自己的靈魂與身體去賺錢，才有錢可以填補寂寞！

無底的心洞用什麼來填補？

寂寞在人的意識中，無言地流竄鑽洞，這些商品都是人們以為可以填補「心洞」的手段。

你心裡有沒有洞呀？

寂寞真如漫渙的煙霧啊！讓人很難察覺到這些心裡的洞。

當你在KTV通宵歡唱後，真的覺得心中豐盈，不再孤寂嗎？

這些消費真的可以讓你不再寂寞嗎？

其實你是明白的，這些只會讓你更空虛，更迷惘，更努力耗弱自己去賺更多的錢，以便有能力進行更多的消費，以為買得越多，花得越多，擁有的就越多，就可能得到快樂與幸福！

這時候，寂寞在你心裡掘出一個深不可探的黑洞，越掘越深，猛一抬頭時，連一小塊天空都看不見了。

寂寞可能帶你漫無目的去流浪，也可能建築一間心牢將你團團圍住，隔絕人際間的流動，它也能讓你心慌意亂地一心外求，想從他處獲得愛與關切。

其實，寂寞跟其他情緒一樣，都可以帶你看清前路，只看你願不願意真正承認你的寂寞情緒，讓寂寞穿透你，在寂寞中品嚐自己的欲望流動。

如果拒絕承認寂寞，就會用忙碌、消費、各種自我欺騙，填塞在你的心與情緒之間，讓你暫時看不見寂寞，以為寂寞不見了，然而，寂寞的實際感知，卻依舊在你的血液、大腦、肌肉中漫流擴散，充滿在靈與肉的空間中。

寂寞如同其他情緒一樣，都在傳遞訊息給你，就看你願不願意拆解！

心容是敏方的高中死黨，大學一畢業就嫁給初戀的學長。心容似乎是最幸福的，至少當她結婚時，敏方她們那一票死黨是這麼認為。

不過現在的心容似乎越來越黯淡了，新婚的幸福心情所發散出的光彩，現在只有在著上名牌套裝，臉上塗上七彩顏色之後才看得到，心容知道，這些光彩都只是面具而已。

日常生活除了照顧孩子、先生，就是上美容院、逛街、購物，跟姑嫂去做臉按摩，去俱樂部洗洗三溫暖、做水療；有時候，會恍惚地不知道自己為什麼要去做這些事，這些事情對她有什麼意義？「我只是在消磨時間而已！消費我的寂寞！」心容想著。

她找不到確實的言詞，描述自己現在的心情，也沒有辦法體會到自己的感覺，只是覺得生命越來越空洞，好像是浮在半空中的汽球，跟所有人都離得好遠，連好友敏方，她都不太敢聯絡了。

因為寂寞而心虛啊！

好友都以為她帶孩子很忙，殷商之家應酬多，也漸漸不主動找她。

心容隱隱知道自己是寂寞的，非常的寂寞！但是怎麼能說呢？先生成陽在家族企業工作，收入頗豐又有相當聲望，雖忙碌，也很少協助她處理孩子與家務，反正有兩個印傭幫忙，他也算體貼，大多數男人不都是這樣嗎！各種節日，貴重禮物從不會少送，有幾個老公能有這種手筆呢！

「他不愁我吃穿，我還有什麼不滿意？這不是我婚前想要的生活嗎？」

不用工作，生活無虞，在家帶孩子，高興的時候煮菜做糕點，不想做就讓傭人去做，相夫教子做家庭主婦，是她唯一的生涯規劃，心容現在不只是普通主婦，而是頂級主婦，職業不是家管，而是太太夫人之流。

「現在過的生活，不就是當初少女時代的美夢嗎？為什麼我還不快樂呢？我不是什麼都有了嗎？」

心容的寂寞真令她羞愧啊！好像是不守婦道、貪得無饜的女人！這樣的心情讓她不敢與好友說，沒有走入婚姻的她們，怎麼能夠理解呢？

寂寞也可以是來自看似幸福的恩愛，愛也可以滋生巨大的寂寞！

心容一再地問自己，「我為什麼寂寞？這一切不都是我想要的嗎？」

為什麼寂寞？

她不知道，我們都是依著成長過程中，逐步刻畫的幸福藍圖去尋覓婚姻中的伴侶，大多數人也都能遇到與理想不至於差距太大的愛人。

但是，當幸福藍圖中的概念，在婚姻中被實際操作與落實的時候，總有人發現原來以為的幸福設定，不一定會讓自己感覺到幸福快樂。

就像很多女孩以為一個女人不用工作，一輩子有人養她，就是最大的幸福，就是「嫁得很好」！直到進入這樣的婚姻中，才發現自己在如此的幸福中，無法真正感受到快樂與滿足！深深後悔了，卻不能承認，也以為不可能有機會更改生命的設定，只能日日壓抑著不快樂，以及自己怎麼這麼不知足的罪惡感而活著。

心容從小渴望別人的呵護，父母忙於賺錢，日常生活都是阿媽在照顧，但是這些人給她的，都不及給哥哥的一切，哥哥是這個不富裕家庭的未來希望；她功課好，哥哥不及她，當她拿著第一名獎狀回家，想換來一句讚美或是獎賞時，阿媽斜著眼瞪著她說：「豬不肥，肥到狗！女孩子會唸書有什麼用？」

媽媽嘴裡說：「很好！」眼睛卻從不看著心容，烏黑的雙手忙著操作機器，車出一個個螺絲帽，心不在焉地回應著，「女孩子會讀書，以後可以嫁得比較好，不會像媽媽這樣辛苦！」媽媽下巴滴落的水珠，滲著一抹油污，不知是汗？還是淚？

於是，心容的獎狀不再拿出來，其實，家中本來就沒有地方可以貼她的獎狀。

成長中的心容，長出無數小小的寂寞，刺出如同蜂窩一般的，期待可以被愛填滿的小洞，誰來填滿寂寞掘下的洞？誰來填補這些空出來等愛的記憶？

從此，讀書是她唯一的希望，家人都沒有能力給她豐沛的愛，她偷偷期待有一個白馬王子能讓她不再寂寞，心容猜想，學歷或許可以讓她像個公主，或許可以讓她得到愛與安全。

但是，愛是什麼？其實心容並不知道，因為這個家從沒有教她這些，她與哥哥只想著要如何脫離這種物質與心靈都匱乏的生活。

這對兄妹以為，貧賤夫妻的哀，絕對比愛多得多。

心容小時候常常偷偷幻想遇見一個可以給她三個願望的仙女，第一個願望她希望爸媽工作能夠順利，這樣就不會因為金錢問題，家中愁雲慘霧，第二個願望是爸媽不再爭吵，不會再看到爸媽難看的臉，心容知道，這兩個願望是相關的！她也知道，如果爸媽心情好就會願意擁抱她，輕輕淡淡又沉重的寂寞就會融化！第三個願望是關於自己的，希望自己變成一個美麗的公主，自然會有王子斬妖屠龍來吻她。

他們自小以為，如果物質生活不缺，媽媽爸爸就不用花這麼多時間精力去賺錢，他們就有時間與精神相親相愛，也不會為了用錢而爭吵，自然就會給孩子多一點愛，愛是來自物質的滿足之後吧？生理感官需求滿足了，精神的愉悅也就自動滿足了吧？

從實際生活中演繹出的生命邏輯，刻劃了心容與力剛的生命地圖。

哥哥力剛也是寂寞的，背負扛不動也不想扛的長子責任，他也渴望擁抱，卻是用在外面逞勇鬥狠來獲得擁抱。

「如果變成英雄，就不寂寞了吧？」力剛脆弱善感的心這樣以為。

他們都不知道寂寞那個黑洞，用外來的力量是填不滿的，即使獲得可觀的財富、地位與權勢，倘若不懂得一個人可以有品質地愛自己，寂寞將依舊困擾著他們！

向內自求所需的愛

如果瞭解了自己想要的其實就是一種真實不虛的愛，也知道了最真實不虛的愛就存在於自己的靈魂深處，開始學習向內自求所需要的愛，寂寞仍舊是存在的，卻不再傷人，更不再驅使人盲目地填補黑洞，享受寂寞將會成為一種令人全然喜悅與圓滿的儀式，孤獨的本質，於是終於得到承認。

但是心容還沒有弄懂這些！因為匱乏的還是匱乏，缺乏擁抱的小女孩，因為被愛得不夠，所以還沒有長大。

她以為成陽的家庭背景可以讓她脫離匱乏，她跟成陽之間，一定不會像父母一樣。可是，結婚之後，心容很不情願地發現，有錢可以滾更多錢，但不一定可以滋生很多愛，即使有愛，也不一定讓人領受到被愛的暖流，因為這些愛常常被架構在物質媒介之上，或是一些條件式的前提之下，有時像是一種餵養的姿態，有時更像是制約性的掌控，像是對待寵物，如果乖乖就給你好吃的狗餅乾，還有溫暖的窩！

成陽也以為給了心容物質無缺的安逸生活，情感上也沒有明目張膽的出軌，自己的生活相對於其他商人也還算是節制有度，不就是他作為一個丈夫給妻子最大的幸福嗎？心容就應該積極扮演一個不麻煩的可人妻子，作為對丈夫的回報。即使兩人除了孩子的生活作息與日常瑣事，已經無其他對話可說，大多數的婚姻不就是這樣嗎？

心容對過往的生命，起了更大的疑惑，「當我擁有了從小夢寐以求的一切，為什麼這樣的幸福又是如此虛幻？如此不踏實？」

然而，要承認自己這近三十年的人生設定出了問題，要承認自己對愛的認知有了差錯，何其難？如果承認了，過去的生活不就完全失去了意義嗎？

疑惑的升起，讓心容內心產生激烈的抗辯，這樣的困惑也常常讓人心更加慌亂，於是，馬上將意念轉開，讓自己投入可以獲得立即性愉悅的感官活動中。

其實，人生地圖不就是在不斷嘗試錯誤與不斷選擇中繪成的嗎？誰又知道今天為明天做的準備，完全不會有誤差？我們為什麼不敢去面對失誤呢？承認自己的失誤有那麼可恥嗎？

是啊！當然羞恥！幾乎從小到大，我們都不被允許犯錯，也不被允許不合乎規定，犯錯的結果是羞辱與處罰，犯錯代表耗費家中珍貴的資源，也意謂著是家裡的壞孩子、學校中的壞學生，父母、老師就因此不愛我們。

不被愛是頂級嚴重的處罰，哪個孩子能不在乎？哪個孩子不怕？

當我們知道自己犯錯的時候，是最寂寞的，雖然我們都以為恐懼才是當時的情緒，其實，你所恐懼的就是不再被愛，就是被離棄，以及被離棄後隨之而來的蝕人寂寞。

心容的寂寞，目前仍舊只是寂寞而已；如果刻意忽略自己的寂寞情緒，仍舊在三溫暖、美容塑身、購物喝茶中，消磨這個實實在在的情緒，你覺得她的寂寞會變成什麼？溫順的寂寞，可是會變成怪獸的！憤怒、忌妒、憂鬱將成為寂寞的變身，掌控整個心容！看著鏡前的自己，梳妝鏡邊上整排的水晶燈，映照著她的臉，「自己的寂寞，能不能由自己做主？」心容問自己，能嗎？

當她把寂寞的原因歸向他人外境，將轉換寂寞的按鈕放在成陽手上，或是任何的消費中，她不可能不讓寂寞侵蝕自己。

如果心容相信，可以不透過物質媒介愛自己，不透過別人的手愛自己，她就有可能不再讓自己的生命成為寂寞的消費品，生命的能量與時間不再浪費在那些無謂的活動上，心容才有可能飛上寂寞的煙硝之上，讓寂寞帶她看清前路，此時，寂寞可能是生命最深刻的滋養，她會深深愛上寂寞！

當那個匱乏的小女孩已經被自己餵飽，她於是提著滿滿一袋的愛在手上，也真正有了愛人的能力。

寂寞帶你去流浪

寂寞牽著髮梢，帶你去流浪
髮絲柔長 卻觸動不到悉往人群
縛綁不了荒野中 我 漫游的心
寂寞　那攜自前世的寂寞
在煙硝中攀行
而我　而你
站上這龐然　辨識著寂寞的面容
踏昇於煙硝
因寂寞　而看清前路
因寂寞　流浪虛空

實作練習——用寂寞編織遠行的鞋

寂寞是不是常常細細碎碎地，啃著你的心？或是經常讓你心慌慌的，像是在瀑布上泅泳一樣，隨時都害怕自己被沖入谷底。

現代人誰不曾有過突然襲來的寂寞呢？當你與別人不一樣的時候，覺得寂寞，當發現自己跟別人都一樣的時候，更是寂寞！

迴避寂寞的觸動，不如與它建立友善的關係，好好地跟來叩門的寂寞在一起切磋切磋吧！

寂寞的觀照可分為時機、面貌、行動三方面來看，其他的情緒也可以用此結構去觀照。

寂寞經常發生的時機

你的寂寞最常在什麼時候出現？可以記錄一個星期寂寞感覺出現的次數，大多是星期幾？在一天的什麼時候，最常出現寂寞？檢查看看，感覺寂寞時，周邊是否出現了一再出現的觸發因素？請將這些觀察到的，或是想到的因素以文字描述，記下來，或是用錄音機錄下來，接著分析這些因素之間有沒有共通點或是相異點？

當這些紀錄都如實做了，請你深入觀照，上述這些線索之間，是否有著因果關係？

你所感知的寂寞面貌——情緒的自我描述練習

接著上述的時機紀錄，判斷每次出現的寂寞是負面的感覺？或是不好不壞？或者你還滿喜歡這種寂寞感覺？你可以用量表式的評分（極喜歡、喜歡、無所謂、不太喜歡、極不喜歡），也可以用非量化的描述性文字來描述每次寂寞的面貌，或是用錄音的方式描述自己對情緒的感知。

不管是說或是寫，盡量精確地描述自己情緒，可以更釐清情緒的面貌。

如果你從不試著做情緒的自我觀照，讓各種情緒只是存在於知覺或是腦子裡，情緒是沒有機會形成確實的面目，你也不會知道他們的確實面貌，長年如此，就只能相見而不相識，它們永遠像一坨待發的麵糰，儲存在你的意識中，但是永遠沒有機會變成可以充飢的饅頭包子，或是美麗的生日蛋糕。

若你不去試著區辨與描述情緒的面目，而且還一直以為自己早就知道它是誰，一旦某一天必須描述情緒時，才猛然發現，其實你是一點都不清楚你的情緒，也無法說出自己的感覺。

就像有些人跟著媽媽住了好幾十年，要她描述一下媽媽，卻只能說，「我媽媽是家庭主婦！」問媽媽喜歡什麼？他啥都不知，天天接受媽媽的照顧，卻幾乎不認識媽媽，等媽媽哪天往生了，卻只記得媽媽煮什麼菜很好吃，媽媽這個人是誰啊？誰是媽媽？從來不知道，也不記得了，只懷念她終生無怨無悔的服務以及豬腳麵線超好吃。

你雖然明白情緒一直在守候著你，卻又不知道「誰」是你的情緒？「誰」又是你？這些情緒到底是「誰」的？

情緒的自我描述練習是很重要的，等於在製作你的情緒檔案，在這個過程中，你會發現一些以前不認識的自己。檔案夠多了，需要表達自己的思緒時，就能夠既便捷，又準確！

寂寞來時，你採取的行動

當你覺得寂寞時，都做些什麼事情？

面對寂寞時，總是想迴避？或是願意跟寂寞做更深刻的互動？討厭寂寞來找你嗎？覺得寂寞時，都做些什麼事？或是刻意不做什麼事？看書、聽音樂、玩電動，打電話找人訴說、逛街、吃東西。

在每次的寂寞感發生時，與發生後，寫下你處理這次寂寞的行動，或是預定要做，卻沒做的行動計劃。

最後，評估你的行動，是否可以讓你得到滿足或是快樂？如果沒有，想想為什麼努力做了那麼多事情，還是沒有滿足了你的真正欲求？

如果你覺得滿足了，快樂了，不再寂寞了，想想看這些行動滿足你什麼心理需求，或是渴望？為什麼這些行動可以滿足你？關鍵點在哪裡？

最後的最後，小心地觀察，這些滿足或是快樂，可以持續多久？最好記錄確實的時間，一天、一小時，或是一星期、一個月，這些滿足是彩色耀眼的泡沫？還是結結實實地讓你的身體與靈魂都飽了？

觀照你的寂寞，就是與自己的內在深刻的渴求與匱乏建立關係，如果不下這些功夫，寂寞的原形不會現出，所有想滿足、想快樂的行為都只是在創造短暫的虛幻而已，如同拿自己的生命能量點燃炫麗的煙花，這樣的快樂行動只是在浪費你的生命能量罷了！

如果你結結實實做了所有的練習，在下次寂寞難耐時，請你試試用你的意願，在心中安裝一台情感發電機。

情感發電機可以自我充電，不需要靠別人給愛，當愛的能量降低時，就自動打開，接通宇宙電路，補充情緒能量。

發電機是獨立的，你欠缺的愛不一定只有某個男人可以給你，也不一定只有某個女人可以給你，更不一定只有你的媽媽、爸爸可以滿足你，試試看自己是不是可以提供一些愛、關心或是瞭解給自己，這些能量可以藉著物質或是事件來傳遞，但是，切記！主角是感情與愛，東西與事件只是媒介而已。

當你發現自己能夠自我發電的時候，情感獨立的程度就會相對增加，自信心與自尊心也提高了，你會更喜歡自己，更愛自己，孤獨仍在，你卻能夠當它是常態，寂寞仍舊會來，你卻能夠享受它的青睞。

如此的你，心靈時常可以保持在充盈滿足的狀態，可以倒給別人的好料一定會更多，愛別人的動作與用心也就更有品質，更讓周圍的人歡樂喜悅，如果你是這樣的人，誰能捨得不愛你呢？

第六章

破疏離，活出自我

「如果你全心投入這些情緒，讓你自己整個沒入其中，你就完完全全體驗到它。你就知道什麼是痛苦，你就知道什麼是愛，你就知道什麼是悲傷。唯有如此，你才能說『很好，我體驗了這種情緒，我認出了這種情緒，現在我需要從中脫身。』」

——莫瑞・史瓦茲《最後14堂星期二的課》

寂寞過去了，疏離還在嗎？敲敲門，問問自己就知道了！

疏離就字面上看，所指的是人與人之間存在著可見與不可見的距離，阻擋了人際間往來的可能性，此距離又可區分為與他人的距離，以及與自己的距離。

疏離就是靈魂啞了！

如果說情緒是靈魂開口在說話，疏離就意味著，靈魂在某種程度上已經失去說話的能力了！

如果一個人長期以自己的靈魂作為填塞情緒的容器，塞著塞著，從來不考慮它的消化能力，塞過量了，總會溢滿，生呑不嚼，不是噎到，就是塞得滿嘴，怎麼說話呢？

不只不能說話而已，填塞後體內不時產生的惡氣，還會產生氣體內爆，傷己又傷人。身體是用來消化生命所需的養分，將這些養分轉化成能量，供給靈魂的運作，用來消化代謝的器官，如果被當作貨櫃，用來無止盡地堆積情緒，身體怎能不敗壞？

敗壞的身體失去與靈魂相通的能力，逐漸與自己疏離；敗壞的身體讓別人不敢接近，因為他不時噴出讓人不悅的物質，諸如帶著莫名怒氣的言語、焦慮的動作、酸溜溜的怨言，這些都不是靈魂真正想說的話，他啞了，任由情緒所堆積出來的惡氣，胡衝亂撞。

陷於疏離的人，所感知的情緒就是疏離感，但是疏離感常是當事人難以察覺的。

迷渙在疏離感中的人，以為自己身處在大海中的孤島，無依無靠，伸長了手也碰不到可以保護他的牆，怎麼喚也喚不到一聲回應，只能呆呆坐在島上的樹下，放任生命逐漸枯萎；不然就跳下海中，隨便自己載浮載沉，他們都悲觀地認為所有人都離他非常遙遠，就算有人收到求救訊號，也不會來救他。

不只自怨自艾，也充滿憤怒責難，把所有人都當作是自私自利沒有同情心的爛人，忌妒、憤怒的能量像是孤島的自動馬達，把他的孤島推得更遠了！如果有人想接近他，他心裡會高興一下下，然後又不由自主地用難看的表情、驕傲的言語或是輕蔑的口吻，對著捧著笑臉來的人，當頭潑了一頭糞水！

被疏離感佔據的人，別人的愛怎麼也送不進他的大門！

他也可能認命地認為，自己命中注定就是不配被愛，不配得到關注與支持。甘願一個人捲縮在唯一的椰子樹下，蕭瑟地落淚；當尋覓他的人，搭著小船靠近孤島，他會將眼光移開，假裝沒看到；當這個人跟他說：「走吧！跟我離開這裡吧！」他根本不敢相信自己配得上這種恩寵與好運，縮得更緊了，頭都不敢抬起來，全身顫抖，不敢接觸對方誠懇的眼光，在他的邏輯中，只有付出很多時，別人才可能會對他一點點好，「我如果沒有先做牛做馬，是不配得到這些的！」

疏離的人也喜歡掌控，你相信嗎？

與自我疏離，與自己的距離太遠，也找不到與自己接觸的通路，因此沒辦法掌握自我，遂伸出魔掌，以掌控別人來欺騙自己，以為掌握了別人，就掌控了自己與全世界。

掌控來自疏離，又製造疏離

掌控的慾望來自心靈無能與自己以及他人進行深刻互動，而產生的空虛無助，也就是來自深刻的疏離感，餓肚子的情緒精靈，總想呼喚主人將它餵飽。但是，這個主人也總是在餓肚子，所以不知怎麼對付這樣的呼喚，結果就像肚子餓又愛吃糖的小孩，以為吃糖果就可以填飽肚子，淨做了一些不能填補空虛小精靈的白工，白忙了一場只多了虛胖，卻更加營養不良。

這麼看來，敏方的母親，湘芷，對家人的掌控是無法自我抑制，只能放任魔掌伸展；不同的是，妹妹湘華卻是沒辦法拒絕別人伸過來的掌控魔掌。

湘華三十八歲時，先生留了龐大的債務潛逃到國外，至今已經五年多。當時她一個人帶著孩子，房子被查封，地下錢莊想抓十二歲的女兒抵債，湘華帶著一雙兒女東遷西藏，在身心千瘡百孔心力交瘁之下，又要工作維生，而那筆債不知道什麼時候還得完！

老母親與姐姐不是不幫忙，他們願意伸出援手，卻也充滿指責，指責她自作孽，才讓自己落到這種下場，同時又不甘願自己辛苦的積蓄也被拖下無底洞，家人之間的關心都是踩在責罵上送來送去，他們習慣用詆毀的態度來呈現對小妹的支持。

對於妹妹的遭遇，湘芷的態度也大多是責難與教訓，這是湘芷對關心的人一貫的態度。

湘華在這些關愛下，頭更低了！

結婚近十七年，湘華賺來的錢，如果沒被東興糟蹋掉，夠一家人過著優渥的生活，這些年來，對於東興的金錢要求，她可以說是有求必應，這樣的模式從婚前就開始了。

湘華沒辦法拒絕他的要求，這種無止盡的供應，被湘華認定就象徵妻子對丈夫的愛與依賴。她不敢不以如此的姿態去愛他，「如果我不這樣愛他，萬一他不愛我了，叫我怎麼辦？」在湘華心中，對情感與關係一直有如此迷思，如果不是全然沒有拒絕的付出，關係就難以維繫，別人就會不愛她不理她，愛情對她而言，重要性更甚於親情，因此在愛情的經營上，她更是徹底實踐了這種想法。

相對的，在東興的眼裡，湘華如果拒絕他的所求，就意味著，她不夠愛他，「你如果愛我，就應該給我錢，讓我去完成理想！」

所以他們這種所謂「互補」的婚姻關係也就這麼維持了許多年，如果東興不要出了這麼大的紕漏，或者說，如果東興不遇見那個可以供應他更多金錢也更「愛」他的女人，他不會毅然拋棄湘華與孩子遠走高飛。

從小，湘華靈魂的大門始終都沒上過鎖，甚至從沒關上過，任何人都可以登堂入室，拿走想要的東西，她從來都沒有能力拒絕別人，也沒有能力防衛那些進來掠奪她的人，小么妹湘華都是這樣！她一直以為如果不夠乖，不夠聽話，就沒有人會愛她，所以「要拿什麼都可以，只要你們願意愛我要我！」

最後，湘華落到空盪盪一無所有，在被掠奪的過程中，她逐漸僵硬，失去感覺，其實是她不敢再去感覺了，真實的感覺讓她心更慌，那是一種什麼都抓不到的知覺，連自己是誰都抓不到，一個溺水的人至少還浸在水中，湘華卻連自己被什麼東西淹沒，都感覺不到，只是無助地沉溺在巨大的慌亂中。

夢裡的湘華伸長了手想抓住自己，但是那個真實的自己卻越飄越遠。

疏離了自己的湘華，在東興不告而別後的前兩年，只像一具會走動的軀體，每天幻想東興有一天突然回來，扛下這些擔子，幻想著東興的愛與溫存，沉浸在被愛的幻想中成為她唯一擁有的感覺。

靈魂彷彿已經不堪湘華的忽略，悄然飛走了！

一方面因為湘華長期地忽略、疏離自己，另一方面卻是因為靈魂的能量已經被無數擅闖湘華生命疆界的人給耗盡了。

疏離自我的人不相信自己可以獨立存活，所以不能抗拒外人的索求，怕拒絕了別人，自己就將孤絕而終；同時，也沒有能力護衛自我的完整性，所以被週遭無數個索求無度的人東掘一塊，西敲一錘，坑坑疤疤，終至傾頹。

人際的疆界維繫著真正的親密

不論在實質，或是心靈上，人與人之間一定有距離，沒有人可能永遠地緊緊跟別人重疊在一起。

然而，距離的存在不一定代表著疏離，如果在相距的空間上，開一條路，就可以通行無阻了。

通路有寬有窄，有長有短，有的路上熙來攘往，有些路久久才有人來拜訪，花草風光各異。不管路是怎麼開，總有個楚河漢界，過了那邊是你家，越過這邊是我域，彰示著個人的勢力、責任歸屬與隱私，這就是人與人之間的疆界。

疆界不只宣示勢力範圍，也負責維繫互動中相對於疏離的親密關係。

一個沒有能力辨識自我疆界與他人疆界的人，很難與人建立長久且健康的親密關係，互相承認雙方的疆界反而是親密關係的基本元素。

能夠尊重別人疆界的人，通常也能清楚界定自己的疆界，對於別人不禮貌的介入有能力採取合適的回應，也能夠適當地拒絕不願接受的要求與批評，更不容易隨便接受週遭親友的情緒勒索。

這樣的人不論發出的是拒絕訊息，或是關愛的言行，都比較不會滋生破壞親密關係的效應，也比較不容易在關係中遭受挫折，或是受到嚴重傷害。

因此，在此種關係狀態下，導致主動與他人疏離，或是被人疏離的前置因素，產生的機率相對減少，疏離感發生的可能性，自然比那些沒有疆界概念、不能辨識疆界的人，還要低很多。

湘華從來沒有在她的生命週遭設定過界限，她也沒有能力看出別人的疆界在哪裡，這樣的人極少求助，也不敢去求助。

但是，當不得已必須向週遭求助時，對別人的反應不是太過敏感，就是完全沒感覺；更糟糕的是，當她在最後關頭不得已去求助，卻常常隱隱約約擺出一種「你本來就應該幫我」的姿態，因為怕人拒絕，所以先擺出一種高姿態，以掩飾自己的窘態，並且以為自己這副樣子，別人就不會拒絕她。

因為這樣的姿態常常讓她吃了閉門羹，更嚴重打擊她的自信與自尊，讓湘華更加封閉自己，認為所有人都在拒絕她，然後，她又防衛地，假裝不知道也不在乎這些人的拒絕與忽視。

事實上，她是太害怕別人的拒絕，才會擺出這種看似堅強又理所當然的姿勢，那樣的堅強如煙花一般虛幻啊！

那些真正與事件有關的人，應該跟她一起負責任的人，她卻都沒有辦法開口求助，特別是她的先生東興。

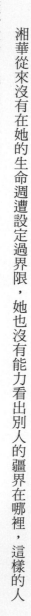

姊姊湘芷也是疏離於人際之外，即使以為家中所有的一切都在她的掌控之下，實際上這個掌控者卻是幾乎完全疏離於家人的情感脈絡，大家都躲著她。

說穿了，疏離是湘芷家族中最明顯的人際特徵，疏離感則是家人所有情緒的共同面貌。因為父母在情感上的疏離，三個孩子至今都在疏離線上各自佔據不同的位置，父親與母親在情感上刻意的互相疏遠，對不知情的孩子烙下深刻的困惑與創傷。

湘芷覺得爸爸非常不負責任，對家庭的經營放任而不積極介入，家中經濟與大小瑣事都是媽媽在扛，讓媽媽無暇給孩子足夠的關愛，湘芷認為這都是爸爸的不負責任造成的；湘華則同情父親，她覺得媽媽對爸爸太過忽略漠視，從小就有個疑問，為什麼媽媽不愛爸爸？為什麼媽媽與爸爸同住一個屋簷下，卻對爸爸若非不聞不問，就是冷嘲熱諷，既不關心他也不照顧他？

姊妹二人，對父母的互動模式，產生截然不同的詮釋！

父母的疏離，各自在姊妹的心靈刻上印記，逐日打下一個深深的黑洞。為了填補心靈的黑洞，湘芷與湘華各自發展出經營親密關係的特殊模式。

湘芷掌控家庭中一切，並且認為這是為了替所有家人創造幸福，其實她是無意識地想填補原生家庭中父母沒能做到的部分，那些都是她的深層渴求。在成長的過程中，她以這些匱乏與渴求為基礎，發展出自認為積極經營家庭的模式。

其實湘芷是極端恐懼童年創傷的再現，內在深刻的不安全感驅使著她預防過去情境再次發生，而她所用的方法就是運用掌控的魔掌，極力預防過去的重演。

湘華則是習慣以不斷地付出來維繫關係，傾全力供應先生金錢上的無度索求，無怨無悔地付出，把東興當作假想的父親，把自己當作過去的母親，代替她的媽媽去愛過去的父親，或者也可以說她極力扮演過去媽媽沒演好的角色。

她一直認為是媽媽對爸爸太過忽視，才讓爸爸沒有足夠愛給孩子，湘華對父愛，有著比母愛還多的渴求，她想像如果媽媽不是這麼冷漠無情，爸爸就會是個很棒的丈夫與父親，她以為如果自己全心全意愛著丈夫，滿足丈夫所有的期望，她所委身的男人一定會快樂，就必然會是個好丈夫、好爸爸，那麼自己就可以如願以償擁有幸福美滿的婚姻。

姊妹倆人都確實為湮滅心中的疏離因子做了許多努力，他們的努力讓人感佩，卻讓身邊的人離他們更遠，倆人也仍舊與自己的心靈遙遙相望，觸摸不到實質的安定基地。

明白了真正渴求之後

如果行為只是盲目地受到潛意識中的情緒與慾望所驅使，所有的努力經常只會將你推到與期待相反的方向。如同湘芷對敏方的掌控，其實是想與她維繫更親密的母女情感，卻把女兒更推離自己；湘華對東興的無止盡供應，也只是想得到永恆的忠誠與愛情，能夠有一個幸福美滿的婚姻而已，他們的期望都不是非分之想。

問題出在他們都只專注在自己心靈需求的毛尖，又將已經被模糊掉焦點的毛尖，一廂情願地套用在另一個對象之上，張著一對鬥雞眼，盯著這個目標不放，以至於心靈需求的全貌與主體，他們連瞄都沒瞄過，當然更不清楚父母在他們身上種下的情緒魔咒與基因。

他們像無知的孩童，長時間除了吃糖果，其他什麼都不自知，當別的孩子健康地長大了，他還是從來沒有吃飽過，仍舊陷在匱乏感當中，沒有吸收到應有的營養，所以也不再長大。

在這個過程中，她隱約知道有些環節出了狀況，應該要改變，才能有不一樣的生活，卻從沒有真正停下來好好檢查自己的行為，仔細思考這些行為到底能不能幫助自己達到目標？自己為什麼要追求這些目標？

她也不去思考與尋找，除了糖果之外，還有什麼東西可以幫助她快快長大？明明已經感覺到光吃糖果沒有好處，但是又不能讓自己相信還有其他東西可以吃，也沒有給自己機會去認識其他有營養的食物。

她沒有勇氣，也沒有自信，踏上那一條明明躺在眼前的紅磚道。湘華早就知道這樣的婚姻有問題，但是她不敢去探究原因，也沒有信心去尋求改變。

紅磚道就在一步之遙，卻如何都走不過去！

可以送你回家的紅磚道，就在過去的記憶中，如果湘華可以在被遺棄的自憐中，發現自己內在真正的渴求，其實她的渴求不過是一個平凡女子的期盼，只不過是要一份真正親密的關係，一種過去原生家庭沒有給她的安全感，這樣的安全感不是來自經濟的富裕，而是家人之間交融的愛意與尊重，是一種沒有電阻的連結感。

沒有辦法讓渴求清楚浮現，是因為我們常常在還沒有釐清自己知真正需要什麼之前，就趕緊採取「要」或「給」的行動。

當我們心中有渴求，就容易受到外在環境所暗示，以為別人要的就是我要的，把隔壁太太有的當作是我需要的，以為電視上廣告的就是我應該要去買的，父母也會因此以為自己沒有的就是孩子想要的。

對自己的渴求無法明白地看見，並做出確實的詮釋，就容易以偏差詮釋後產生的偏差視角，再去詮釋別人的需求，進而自做主張地決定別人的需求。你與所愛的人之間的疏離，就在錯誤詮釋與錯誤行動中氾濫滋生，無數包裝精美的垃圾禮物，拆都沒拆封，就被你們丟棄在路邊，垃圾愈積愈多，你與她／他之間的通路於是漸漸不通了！

在你怨嘆所愛的人不知感激，指責他萬般不是的同時，是你自己將對方推離自己，反而怪罪他人背棄自己！如同湘華與湘芷一樣。

東興心靈深處也有個渴求，期待妻子可以給她真正的愛情，但是東興從來都不知道什麼才算是真正的愛，從來沒有釐清過自己的渴求與期待，他也是與自己疏離的人，不知道自己需要什麼樣的愛才會滿足，才會安定下來！

他只是不斷地以某些東西為象徵媒介，以各種名目向湘華要更多的愛，不斷地試驗湘華到底有多愛他？卻不斷地失望，對自己失望，也對湘華失望；湘華只能以物質作為傳遞愛的象徵，只會以金錢與物質的供應，來證明自己對東興的愛情，可悲的是，東興也只能以要錢，來滿足自己對親密與愛的渴求。

他們不知道自己最渴求的，真的都不只是那些！

湘華與東興都沒有愛人的能力，都是與自我徹底疏離的人，整個人是空的！空空盪盪的、極度匱乏的人，怎麼給得出紮實的關愛呢？他們連朋友都愛不起啊！

五年多來，湘華在徹底跌落後，才發現這麼多年來她早就一無所有，婚姻只是一場假扮的遊戲，她的職業生涯也不過是一張用油彩繪出的假面，現在都已經面目模糊了！

這一切都幻滅之後，她才真正看到那個四十多年來都沒有好好被照顧的湘華，這些年來，湘華遭遇挫折的應對模式就是轉頭不看讓她不悅的情緒，也同時假裝沒看見身邊的人心中真正的渴求，這些都極其沉重，讓她難以承受。

在一次心理課程中，湘華終於有了刻骨銘心的領悟，發現是從一開始就是自己把自己驅逐出境的，不是別人對不起她，是她先對不起自己，湘華了悟自己一直都是個沒有自我的人，與別人也沒有接榫的交點，別人送進來的關愛無榫可扣，只能落得消散，送愛的人只好掉頭回轉！

了悟後的湘華哭泣不止，然而這般哭泣已不是往日無知的發洩。這哭泣不只是釋放情緒，更重要的是覺察，在淚水中找到線索，用淚水做成鏡子，照亮生命中的晦暗。

現在的湘華說，痛苦是一種恩典，如果沒有這些巨大的痛，多年來壓在靈魂上的暗影，就沒有發聲的機會，湘華就沒有機會好好擁抱自己，跟自己合好，現在的她，可以聽到靈魂呢喃著內在的願望，有勇氣牽著自己的手，實現生命的想望。

坐在疏離孤島上

獨坐在孤島上　誰來救我
岸 就在眼前
淚水卻淹沒沙灘
划著小船 有人來了
我的氣息化成颶風
吹翻　畫著笑臉的帆
誰來　誰能再來

獨坐在無人山徑　誰來救我
炊煙　看得見我
蔓長的荊棘花霸佔柔軟草徑
聽見鐮刀肅肅　有人來了
用荊棘編成面具
刺傷流著汗的刀柄
誰來 誰能再來

實作練習——為自己開一條通路

如果用具體的說法，疏離就是你與他人之間，以及與自己之間的空間都荒蕪了，雜草叢生，漫佈荊棘，無路可走。

想改變疏離的處境，就必須砍除雜草，劈斷荊棘，開出一條通暢的道路，路通了，親密才可能流通！

但是這條路一定是在心靈上，不是在可見的、物質化的所在。

肉體上的近距離，不一定意味著親密，嫖客跟妓女，身體很親近，但心靈卻是疏離的，有些夫妻每天睡在一起，蓋同一條被子，卻是一顆心在火星，另一顆心在太陽系中的某處遊蕩，活像家中兩件活動無言的家具。

有些夫妻、朋友、手足，各自生活在地球的彼端，心卻緊緊相繫。

差異在於，他們用什麼打開互動的通路？用什麼手段維持流動的暢通？

有些通路必須靠媒介打通，鑽石、珠寶可以是一種媒介，電話、e-mail、真誠貼心的言語也是媒介，誠實讓人信賴的人格特質也是媒介，信守承諾的行為所累積的誠信，也是開路不可或缺的工具。

重要的是有愛在其中。

物質只是傳遞愛的媒介，不可將這些就視同於愛。

在匱乏的時代，人們以為錢與物質的給予就是愛的傳送，因為某些物質是這麼的珍貴，送出這些稀有東西就具有特殊的意義，因為那個時代的物質與金錢都是得來不易，於是一顆得來不易的蘋果，可以等同於獨一無二的疼愛；可是，當下的時代，任何物質幾乎都是唾手可得的，獲得的可能性都很高，已經與當年物質匱乏時代有著極大的不同。

然而，這樣的邏輯卻演變成一種被制度化的隱形模式，實質的意義沒了，獨一無二的心意淡了，愛意卻被折換作金錢，習慣性以金錢作為度量愛意的指標，不能折合成物質與錢的愛，變得無顏送出。

我們卻沒想過，五十年前送人家一隻雞是多麼珍貴的禮物，所以其中承載著大量的情意！如今大部分的人，除了特殊物質，有什麼是買不起的，衹看要不要買而已。於是，隨著物質生活的隨意可得，錢與情，物與愛，完全被混淆，人的價值、愛的成分也曚混在其間，人們到底得到什麼？送出了什麼？自己都搞不清楚了！

人與人的疏離，就在這些曚混不清的價值觀與行為中，不斷的滋生！

一個能分辨錢與情的人，倘若送到眼前的鑽戒，沒有載著真實的愛，接受鑽戒的喜悅就不會真實，因為她會發現其中沒有紮實的愛意。如果你送鑽戒的對象不在乎有沒有愛，只在乎有沒有鑽石，你也收不到愛的回饋。

禮物送出了，路，還是不通。

開路的工具其實不需要花費很多，只要願意用你的嘴巴說出內心的話（內心的話不祇是「我愛你」而已），在與每一個人的互動中，真誠、適當、單純地表達情感，傳達意見，不論是愛意或是申述，用你的心與你的話除去通路上的雜草，搬走礙手礙腳的大石頭就可以了！

疏離的實做練習可以分四部分去做。

感覺自己的感覺，打通自我通路

每天早上起床後，刷牙前讓自己告訴自己，現在我有什麼感覺？用形容詞對自己描述，盡量完整描述，所以要多用幾個形容詞，可以寫下來更好！錄下來也可以！

梳洗完畢後，再問自己現在覺得怎麼樣？一樣用形容詞精確描述。中午與晚上睡前各自記錄當時的感覺。如果一天之中有特殊事件或是有明顯的情緒浮現，也應該記錄下來。

練習一陣子之後，你的描述功夫會越來越厲害，對自己的感覺也就越來越清楚，情緒一浮現出來就可以覺察到。

此時就可以逐漸體會到，我是我，我的情緒是我的情緒，能夠用「我」去感覺「我的情緒」。

人們常常對未知的狀態感到恐懼不安，即是因為對情緒的無知，情緒一出現，同時也讓自己產生不安，所以不敢去瞧瞧情緒的面貌，更不敢讓別人知道自己的感覺與想法。

當你逐漸清楚明白自己的感覺與情緒之後，就逐漸有膽子表現自己，相信自己可以表達自己，這些改變能夠滋生自信，不再害怕情緒的出現，更不會恐懼別人知道自己的感覺，因為你已經讓自己處在一種自我了然之後，進而盡其在我的自我狀態當中。

當與別人相遇，可以清楚明白說出自己感覺。

如果一個朋友問你：「近來好嗎？」你通常都如何回答？是不是都說：「還好啦！」、「不錯啊！」、「還過得去！」

這些不明確的話，傳達一些模擬兩可的訊息，有時說了，等於沒說，假如他是真心誠意地想知道你好不好，你就應該給他真正的回應，回應一些有意義的訊息。

所以，倘若你不是只想敷衍對方，下次就要說一些有料的話，怎麼說呢？第一步，先練習用形容詞描述自己近來的情感狀態，把前一項作業的成果秀一秀！

這些形容詞必須盡量明確，譬如說：「我最近很高興！很HIGH！因為……」、「不太好，我這幾天很沮喪！我覺得我的感覺好像……」，或者「還不錯，日子平淡，但是很充實，還算滿意啦！」

這些字眼好像在生活中經常出現，但是對很多人來說，卻是很難說出口，難處在於不能感覺自己的感覺，也不能說出自己的感覺，更不敢讓別人知道自己的感覺。

如果你確實做了第一項作業，第二項作業就容易多了，你只要把每天發現的感覺與情緒覺察，拿出來分享就可以了！

打通別人的通路

試著想想，你上次打電話給南部給爸媽時，都說些什麼？問些什麼？是不是都說「你吃飽了沒？」、「晚上洗澡了沒？」、「有沒有吃藥啊？」，還有其他一些關於吃喝拉撒的問句，問完了就不知道要說些什麼？就說「趕快去刷牙，早點去睡吧！拜拜！」就掛了電話！

請你老實想想，這些話能不能讓對方感覺到實實在在的關心？或者說，如果一個人這樣跟你扯二十分鐘，你的內心會感覺到真正的喜悅嗎？或許有，但是如果屢次都是這樣，你會期待他打電話來嗎？

你可以用更有效的方式，表達更紮實的關愛，不要只是問事情，不要只是談事情，而是談你的感情，問他們的感情。

我們的教育與教養文化都只在教我們做事、競爭，保衛圍牆內的自家事，對抗圍牆外的外人，至於所謂的做人的道理，就是一些教條，裡面都沒有人與情感的存在，只有事情與道理。

所以，我們都不會談感情，只會談事情，氣得半死也只會說誰做了什麼害你抓狂，壓根不知道自己在情感上為什麼發怒？連戀愛與婚姻都被化約成學歷、工作、房子、車子等等被條件化的理智。

你為什麼不試著先跟老媽媽說說今天你在公司發生什麼事情？這些事情讓你今天的心情如何？描述一下你今天的快樂與憂傷。

如果她一向會嘮嘮叨叨地評論你、教訓你，甚至嘲諷你，請清楚明白地告訴她，你只是想跟她分享一天的喜怒哀樂，不是要訴苦，要她不要擔心，更不需要她對你的一天作出的評論或是意見。

不過以上的這些告訴，對老人家說一次是不夠的，如果你希望與他們相處能更愉快，就必須花些時間鍥而不捨地努力的教他們這些新模式。

或許你從小學畢業後就不再跟在媽媽腳邊，叨叨絮絮說些學校的事情，或許那時候媽媽從來沒給你一些期待的回饋，我希望你現在可以再試試看，向媽媽打開你的感覺。

或許媽媽對你的情感揭露很錯愕，不習慣這種方式，請不要放棄，她會漸漸感覺到你對她投入的情感與能量，開始用期待的心去傾聽你的心事與感覺。或許小時候他們經常拒絕你，但是，現在的他們都已經年老了，年輕時的生活壓力也解除大半，老化讓他們擁有變得更柔軟的可能性；更重要的是，因為你的表現，他們有機會開始向你學習，藉由你的自我表白與關心漸漸打開他們的感覺之門，知道可以用一種正向、適當的方式與言語表達自己，不再以抱怨作為唯一陳述情感的方式，慢慢地學會轉換久年的負面情緒，從你的關心中學會以正面的角度看待自己的人生。

這種打開別人通路的模式，不只可用在父母，也可用在孩子、朋友的關係上。

找一個未能有效溝通的人，說說你的感覺

在你做這麼多練習後，在周圍的關係中，找一個關係密切卻至今未能有效溝通的人，試著談談你的感覺，以第一項練習做基礎，可以刻意去談，也可以抓住隨機的機會就說說。

不過千萬不要貿然地說出你對他的感覺，只是說說你自己最近的心情與不一樣的體悟，如果你貿然說出你對他的感覺，他會以為你在批評他，糾正他，這樣反而會突然破壞關係，等到與他關係通路更通暢之後，再去說你對他的感覺吧！

試過之後，請觀照自己的感覺，覺察自己的改變，與新的體悟？

第七章

穿透背叛，重獲新生

「女人只要結婚時，未依照家庭傳統，或心靈開始有不同的視野，或是以不同於童年時，家庭相信的正確方式做事，對內在的父／王式原則就是一種背叛，極可能受苦於自己的情緒。內在的父／王想要的是法律、秩序與傳統。」

——安・多瑪斯《成熟女人的智慧》

在多數人的認知中，背叛，一直是火辣鮮紅的！它所投射出的樣貌是，刺骨的痛，灩燃的火，割離後汨流的血，甚至是一景世界毀滅的淒絕圖像。

如果在觀照疏離情緒當中，沒發現疏離感的起源，或許，是一直以來，這些若即若離、若隱若現的迷離空幻，是來自過往的一曲背叛樂章。

背叛，無所不在

背叛，聽起來挺嚴重的！

然而，請你靜下心來想想，背叛別人與感覺被背叛，幾乎是每天都會發生的事故，大大的背叛如外遇，小小的背叛如遲到，隱性而綿長的背叛如弟妹出生後哥哥姊姊的感覺，年幼時被父母無理的責罰，也能刻劃綿延不絕的背叛記憶。

假若你是那個被背叛的人，當事件剛發生時，你必定充滿立即的憤怒，這經常是被背叛者最先浮現的感受，憤怒是來自心中的反詰：「我為什麼要承受這樣的對待？你憑什麼這樣對待我？」心中充滿不平難解的問號。

憤怒也可能來自一個預設的前提，他／她應該如何，或是不應該如何！這樣是不公平的！「她應該要對我忠誠！怎麼可以愛上別人？」或者「他明明就答應過我，怎麼可以反悔！」、「我又沒做錯什麼！爸爸為什麼要處罰我？是弟弟弄壞的，他應該處罰弟弟才對！」……

不論是什麼事件引起你的被背叛感，你心中對此事與此人都有一套預設的立場與期待，他總是應該要怎麼樣才是對的！或是他根本不應該這樣！

所以當對方實際上不這麼樣做的時候，被背叛的感覺就昇起了！你就抓狂了！情緒就決堤了。情緒能量，因而降到最低點，情緒能量降低的人，最常使用的情緒策略就是憤怒，憤怒小精靈自動放出煙霧，讓自我價值偵測系統以為水位又升高了！實際上不過是補上了一團煙霧而已，吹來一陣風就煙消雲散了！自尊心依舊呈現開膛剖肚的淌血狀態！

所以，被背叛的人常常覺得自己像是一面被打碎的鏡子，自我不再完整，眼淚一滴一滴地滴在碎成片片的自我之鏡上面，鏡中的臉是割離的、拼貼的，雙手沾滿了血，卻怎麼也拼不回原來的模樣。

你是不是要問，人為什麼這麼脆弱？為什麼這麼容易像骨牌一樣被人一碰就崩倒？

這些能夠推倒你的人，一定在你的生命中佔有特殊的地位，你的自尊、自我價值感，或者你的自我完整性的消長，都受到他們的一言一行所左右。

更清楚地說，在潛意識與表意識中，都將這些人當作是你的自尊心加油站，這些人常常是你又愛又恨的人，也可能是帶領你成長的人，你很難跟他們完全割離，更難完全不在乎他們，譬如說父母、手足、老闆、孩子、公婆或是情人、配偶等等。

當你用一個人或是一組人對你的態度或是評斷，來決定自己好不好？美不美？優不優秀？甚至值不值得被愛？他們的回應對你來說，就像彩繪生命的顏料。

你的顏料卻不是自己調製的，更不是自己決定的，而是完全受制於別人，他們給你綠色，你就不能使用其他顏色，甚至如何構圖上色都得接受他們的指示，生命最終會畫成什麼樣子，完全受到別人的掌控。

然而，我們卻不可能永遠不怨不悔，又毫不挑剔地全然接受別人分配給我們的一切，因為我們總有一些特別的期待，總想要有一點自主空間，希望更進一步去證明自己是美好又值得珍惜的。

當別人不常常給出我們所期待的正面評價或是積極回饋的當下，匱乏感與不滿足感就會湧現；於是，更期待從對方那邊，獲得更多更好的顏料，對他產生更多預設的期待與前提；在這些期待中，你想從他那邊得到的東西也就越來越多，接著，不可避免地一定越來越依賴他，任何關係中的依賴情結，又必然引發不同程度的失望，越失望反而更在乎，於是就更想掌控與索求。

背叛的臨界點

當你以為生命中的重要物質，不能透過自己去獲得，只能藉由某些人給你，你與這一組人的關係一定越發緊張，某些被認定為背叛的行為，就常常發生在這些臨界點上。

在每一次的失望高峰中，某些行為就可能被詮釋成背叛，被指為背叛的一方，可能並沒有刻意做些什麼，卻只是因為沒做什麼，那位充滿期待與掌控的先生或小姐，就會像被踩到尾巴的暴龍一樣地抓狂！

倘若背叛是發生在這種依賴與掌控的關係中，在憤怒情緒真正顯現之前，雙方都已經互相傷害很久了，也已經傷得很嚴重了！

就被背叛的一方而言，那是一種嚴重的背棄感，你的意義體系會將此遭遇解釋為，他不給你什麼或是逃避你，就是代表否定你，你所詮釋出來的否定或是負面的評價，會讓你覺得自己像一隻被丟棄的破鞋。

而發動背叛的人，常常也是苦於某些深沉的創傷或是匱乏，心理上也是坑坑洞洞的，再也沒有別的路數可使，只有逃離！

只是有些習於背叛的人，常常在不覺察自己困窘的情況下，不斷演出逃離的戲碼。

譬如一再外遇者，他的靈魂必然有一個巨大的空洞，一再地需要靠外遇去填補，這些對內在黑洞沒有覺察的人，不會對背叛有明顯的愧疚或是罪惡感。

有些背叛卻是背叛者的自救行動。

如果是在忍無可忍，或是自覺問題就在那裡卻無力處理的情況下，而不得已採取背叛的行動，一開始他可能會浸淫在強大的罪惡感當中，然而，這種背叛的行動，是不得已的，像是一種保命的策略，但也有某種程度的逃避，他覺得自己沒有能力繼續面對這些難題，只有逃離現場，以紓解迫人的壓力。他鄉愿地告訴自己，或者以後有機會可以再重新開始吧！或者以後有機會可以去彌補自己的過錯吧！

背叛也不必然是轟轟烈烈的短暫事件，也可能是由日常生活中許多小小的失望匯流而成的滔滔絕望，細細泌泌地流竄，也同樣刺骨錐心！徹底的絕望之後，背叛的詮釋也就產生了！

如果一個媽媽將孩子的學業成就與生活表現。延伸成她自己的成就，就會以孩子的成就來評價自己的生存價值，她彩繪生命的顏料是來自孩子的表現。當孩子給得不夠，或是給的顏色不是她想要的，自然會產生不滿足感，因為這不是她原先設定好的結果。

然而她又不認為可以自己製造想要的顏料，於是，將孩子設定成唯一成就感的來源，所以就越來越掌控孩子的行為與生活。如果孩子還是不能製造媽媽想要的顏料，她就會失望、生氣、怨懟，甚至產生強烈的不甘願，認為這個孩子背叛她。

「這個孩子真是讓我失望！我這麼盡心盡力培養她，照顧她，她不知努力，也不知感恩！給我這種回報，還怪我管她太多！我養一隻狗都會對我搖尾巴！真是白養她了，現在還給我離家出走！嗚！嗚！」

到底是誰背叛誰呢？如果讓孩子說說話，她可能會說：「我要的不是這種愛！媽媽的關心為什麼這麼沉重？我已經扛不起了，所以，只好離開了！爸媽，對不起！」

如果孩子也堅持得到對母親的預設期待，她心裡一定會說：「我期待的媽媽不是這樣！」她也一定覺得媽媽背叛了她，因為不能承受對母親的失望，因而選擇背叛媽媽。

選擇背叛的人，隱約知道自己困在繭中太久了，再不出走，可能不能活命。

繭，可能是別人為他做的，也可能是他自己做的，不管刺破得是誰作的繭，終究有人受傷，因為一個繭，常常包得不只一個人，不願破繭的其他人，就會有被背叛的感覺。

不甘願破繭的人，總是蹲在繭中抓著別人不放。

一個覺得繭裡黑暗卻安全的人，總是寧願躲在黑暗中漸漸失去視力，也不願意從漆黑的繭中跨步出走，重現天日！

很多在不愉快婚姻中的夫妻，都是蹲在繭中不願破出的人，偶爾踢破個小小地背叛是被允許的，但是狠狠撕破繭的大大背叛，任誰都不願意發動，只能抱著那麼一點點的膽子蹲在繭中，互相踹過來踢過去！

所以，如果廣義地來討論，背叛不只發生在具體的事件中，如果一方覺得另一方沒有履行應盡的義務，或是沒有達成他所期望的結果，或是沒有以他所認定的方式完成事情，背叛的感覺就會出現。

背叛發生時的劇烈傷痛，也許隨著時間遞減，但這些過去生命經驗中的背叛事件，卻可能在心中殘存發酵，成為一種經營生命的慣性狀態。或者可以說，背叛後的傷疤，成為眾多維持生命運行的技巧之一，只是這些技巧都難以完滿生命。

被背叛後的觀望姿態

與維新邂逅之後，過了一星期，敏方答應了維新第一次的約會，卻又深陷於猶豫不安。

就像每一次的戀情一樣，她總是不能排除心中的疑懼，期待與這個讓她頗有好感的男人發展更進一步的關係，卻又對未來可能有的結果充滿不安！這些浮動的情緒讓每次的愛情，自開始時，就註定結束的日期已不遠，這一次會不會是故事的重演呢？

認識維新之後，敏方回顧著過去的愛情，在愛與被愛之間，到底是什麼在騷動著敏方？為何自己對承諾如此遲疑？對愛人的投入，為何總是觀望？似乎在每段戀情中，敏方總是刻意讓自己保持在狀況外。

在近距離中遠遠觀望，似乎是她在愛情中唯一的姿態，所以男友們都在迷離又失望之下黯然離開。

在前一個男友求去的時候，敏方就決意要認清自己在愛情中刻意擺下的模糊身影。在熱戀中的疏離，是她無意也是有意放入的，為的只是自保，在預期的背叛中尋求自保。

從母親的婚姻中，敏方看到，與其在背叛發生後，再尋求自保，不如發生前就預防，痛苦才不會無限擴張。母親的痛，讓她感同身受。國中時，父親的出走讓她痛不欲生，只是這些都被潛藏著，跟母親的巨大傷痛與憤怒比起來，敏方覺得自己似乎更不能說出她在青春歲月中刻意埋藏的悲哀。

父親晴雄外遇出走之後，湘芷的掌控與憤怒，也讓敏方不敢打開心的窗口，釋放心底的不安，誰都不知道她被父親遺棄的痛，其實並不遜於母親的刺骨錐心。

就在一個月前，敏方偷偷地會見了十多年未曾見面的父親。

在情感的表層，對爸爸的眷戀，早已在時光流逝中漸漸淡了，也可以說是早就習慣了沒有爸爸的日子，但是心中的疑問與潛藏著的創痛，卻隨著心智的成熟而擴張。

敏方知道是時候了，應該好好了結心中的疑問與創傷，不然，那個十幾歲的女孩不會繼續長大，沒有辦法滋生女人的愛去愛另一個男人。

「當年，你為什麼要離開我們？媽媽做錯了什麼？到底是誰錯了？」敏方有好多話要問爸爸，卻無法說出口，心中翻騰著不止的疑問：「你為什麼背叛媽媽？為什麼背叛我對你的眷戀？你知道嗎？我從來都不明瞭，自己做錯了什麼，才讓爸爸不再要我？」

眼前的父親已經鬢絲斑白，在恍惚間，這個男人好像不是父親，怎麼俊朗的爸爸一下子蒼老了？敏方彷彿剛剛才躍過一個時間的斷崖，當思念十年的爸爸與眼前的白髮男子，意象重合時，敏方多年的思念在淚水中氾濫不已。

女兒終於又找到父親的臂膀，卻不再強勁！原來，在愛情中，她昭暮思念的就是這一雙依靠，每次在男友的擁抱中，她總是找不到這雙父親的手，她總是知道那不是父親的手，所以就輕輕地將他們推開。

「我離開是為了可以活下去！」

當敏方得到爸爸這樣的答案時，更加困惑，甚至一股憤怒油然而生。

「我不懂！拋棄妻兒是不得已？難道是我們逼得你活不下去嗎？」

湘芷是一個能力很強的女人，個性好強卻有著極傳統的觀念——「女人不能自己出頭！」女人沒有臉，只能做脖子，先生與孩子才是她的臉，脖子能做的事只有掌控臉的方向，當她發現脖子只能掌控方向，不能控制臉說些什麼想些什麼，就開始越發焦慮、憤怒，甚至不能節制自己的慾望，毫無自制地受到那股強烈想出頭的慾望所驅使，這些慾望形成一套價值觀，湘芷認為只有她設定的才是對的，只有聽她的才可能有好結果。

不幸的是，恰好這些價值觀以及背後設定的目標，與晴雄的性格幾乎完全悖離，他永遠都不能達到妻子的標準。

晴雄痛苦極了！他只能在夾縫中穿梭，尋求生存的縫隙。

敏方又疑惑了，既然這麼多不相同的意見，為什麼從未聽到父母的爭吵，或者說，為什麼從未聽到父親對母親大聲反駁？晴雄總是沉默著，或是若有似無的漫漫虛應。

「你為什麼從不生氣？也不反抗媽媽的牽制？」

晴雄從小就不能夠憤怒，他的憤怒精靈早就被也是宰制者的母親，敏方的祖母，所閹割了。

因此，晴雄說，在母親以及妻子之下的生活，「我常常像是一個無能，被去勢的猴子！」晴雄說著說著，輕輕地用拳頭敲著桌子。

敏方看見父親在自嘲中，透露著瀲然的滄桑。

「我真的是快活不下去了，才會離開，如果不離去，可能會自殺！外遇只是一個出口。」爸爸似笑非笑地看著窗外，好像正為他脫去的殼，編織著故事。

「但是我還有一點求生的意識沒被消磨掉！如果活下去，還有希望，總有機會再看到你們，或許還有機會可以照顧你們姐弟！」

「這不是你媽媽的錯，更不是你做錯了什麼！只是兩個不相契合的人，不幸被放在一起！」

敏方這才看到，躲在背叛身後，有這麼多情牽。

當家庭系統瀕臨毀滅邊緣，總要有人犧牲，或者說總要有人必須做些什麼事情，讓系統有機會得以重整，當年父親就率先做了這樣的事，讓其餘留在系統中的人，在碎裂的風暴中，被迫重新面對新的生活，重新釐清生命的意義。

晴雄被那股系統內的破壞驅力給逼走了，把猴子皮留下來，獨自遁逃，逃去做自己的功課。

這麼多年，他一點一滴悟透了過往的生命，沒有怨也沒有恨，以前不生氣是因為不允許自己生氣，也沒有能力生氣，現在則是穿透了所有的情感，因了悟而自在。

剛開始他也恨母親，恨妻子，恨所有想壓迫他宰制他的人，恨所有讓他覺得自己很窩囊的人；後來，一樁一樁地看穿，一件一件地了悟，真正地理解了，就會有真正的原諒與寬恕。

在寬容中，晴雄也看見自己對生命真正的渴求，開始經營自己想要的生活。

不過，他知道湘芷並沒有做足生命的功課，仍舊陷在對他的不諒解之中，不准晴雄與孩子見面。

湘芷在心中蓄了一池的恨，用恨池裡的情緒能量維持自己的存活，她不敢放掉那些恨意，她以為只有恨可以讓她堅強！

敏方聽完父親的告白，心中長久的憂傷彷彿清朗了，原來父親與母親的糾葛，她介入太深，有時候她不由得去扮演替代的父親，作為母親怨恨的對象，有時候卻像男人一樣支持媽媽的脆弱，有時候極力扮演那個從未出現過的，卻是晴雄與敏方期待中的湘芷。

她從小就不由自主地想去填補父母之間的裂縫，用她的生命與成長作為演出的舞台，演的卻都不是自己的戲。

此時，敏方腦海中浮現維新的笑容，她想，應該從父母的背叛戲中離開了！這一次我要做自己了，經營自己的愛情，演自己的戲。

被叛，離了蛹

反身離去　像一隻蝴蝶　離了蛹
他背叛為了什麼？
你背叛又為了什麼？
傷口降落在誰的身上？
痛嗎？
痛什麼？
站在他的傷口舔你的痛
誰是蝴蝶？誰是蛹？

實作練習——揭開背叛的面具

有一種人，從來都搞不清楚什麼才是自己想要的？也從不嘗試在內在靈性的領域中釐清自己的期待，只是東張西望，看別人有什麼，他就以為自己缺什麼？需要什麼？

更可怕的是，他不認為所需要的可以自己給予，以為只有某某人可以給他，認定此人也理所當然應該為他供給一切所需。

譬如，那種到哪裡都要老公接送的女人，自己從來不找襪子的丈夫，想喝水卻叫媽媽去倒的兒子等等，這些小事可以映照出當事人在更大事件中的因應模式。

這些人最容易覺得別人背叛了他，也最容易讓別人選擇背叛他，因為他們與別人的關係常常處在相互掌控的狀態。

掌控這檔子事，最容易製造背叛意圖，是背叛發生的前因，被掌控的人常常因此而叛逃。

女人藉由不認識路，需要男人接送，來掌控先生，結果她真的也就永遠不認識路了！她以「我需要你」來掌控先生，認為這樣就能夠讓先生對她始終如一，不知道這種掌控先生的企圖，最後是限制了先生？還是限制了自己？

還有那些不願意自己動手料理生活瑣事的男人，以為女人如果愛她就應該幫他做這些事情，也是困在掌控他人與自我限制的交互作用中。在這種關係中，如果一個願打，一個願挨，大概就相安無事，不過長年挨打付出的人，總有受不了的時候，於是小則情緒爆發，大則關係破裂。

更嚴重的是，一直要求別人，卻永遠不知道別人做到什麼程度才是夠好，別人怎麼努力想讓他滿意，他都覺得不夠，只知道要求，自己卻不知道方向與臨界點，常常用反證法去評斷別人的努力，「這個不對！再去做！」、「這不是我想要的！換個方式看看！」當你要求他給一個明確的方向，他也說不出明確的所以然。要取悅他真的很難，別人的表現經常讓他不滿意，他卻因此覺得別人都很差或是別人都對不起他，於是主觀上經常產生某種被背叛的感覺，事實上卻是他在傷害身邊的人。

很多嚴厲求好的父母、難搞的上司，都是這樣！

關於背叛的作業，第一項是，釐清自己的生命要求，接著找出過去的背叛事件，拉開距離重新勘查場景，以對方的角度堪驗造成對方背叛的情境與因素，進而，試著去諒解對方。

諒解不單純只是為了原諒對方，也為了修復我們受傷的自我完整性，讓我們告訴自己，不是我不夠好，他才不要我、傷害我，對方也有他的匱乏無能之處，所以才會這樣對我。

請循著以下的路徑完成作業：

觀察自己平常生活中，對自己最多的要求是什麼？

譬如說，一定要在家吃飯，同事下班的酒攤邀約一定要去，一定不能拒絕別人，不能講與父母、公婆意見不一樣的話，不能與長輩頂嘴等等。

一條一條列出，這些你不去服從，就會很不舒服、很恐懼，或是耿耿於懷充滿罪惡感的事情。接著將這些事情分類，近似的情境分在一類，為這些類別命名，近一步去釐清這些自我要求背後的意義。

觀察自己平常生活中，對別人最多的要求是什麼？

也是一條一條列出，分類之後去釐清意義，接著與前一項作對照，去發現對自己的要求與對別人的要求的類別與內容，是否一樣？或是不一樣？有哪些相同？哪些不同？請深刻地去思考其中的異與同，以及所代表的意義。

從過去的生命經驗中，舉出最嚴重與最輕微的背叛事件，做深入的分析。

這兩件事情的前因分別是什麼？這兩件事情各自造成什麼結果？事情剛發生時，你的情緒呈現什麼樣的面貌？在過程中情緒如何變換？這兩件事情是否有類似之處？

請你幫那些背叛你的人找出背叛的理由。

這些理由必須是關於當時的脈絡，以及對方的條件、個性、成長經驗，而且必須是有跡可循的，可以是推論而得，但是千萬不可隨著你的負面情緒隨意杜撰。這些理由整理完成之後，問問自己如果真是這樣，你可不可以諒解他們？

在諒解之後，請檢視自己是否因真正的諒解，而脫離部分或是全部的情緒陰霾？

如果沒有，是不是依舊一點都不能寬恕他？

請你問自己，為什麼不能原諒他？讓自己對自己說出所有的理由。如果目前還不能原諒，也不必勉強。

不過肯切地提醒你，當你試著原諒他的時候，你的創傷已經開始得到某種程度的自我治療，尚未處理完的就繼續放著，待時機成熟，你就能夠完成此一功課。

綜合1—5項作業，誠實地去檢查，除了對方的個人因素與環境因素，你是否也在背叛事件中，扮演催化背叛的角色，你是否曾經或是一直在做些什麼，讓別人想背叛你？發現並承認這一點，需要有相當的自我認識與勇氣，但是你一定必須去認清並承認這些，才可能釐清情緒障礙，擺脫一直窒礙你的內在因素。

作業做完後，找一個朋友，說說揭開背叛面具之後，你的收穫！

第八章

出離恨情，愛如泉湧

「怨恨與嗔怒會以我們的守護者或是忠實保鏢的姿態出現在我們面前。有時當某人想傷害你時，嗔心就像守護者自內心升起，給你一股力量。也許你的身體比敵人弱小，但是嗔心使你感覺到強壯，它給你一種力量的錯覺。在這種情況下，結果是你被打敗。」

——達賴喇嘛《藏傳佛教的世界》

恨，可說是背叛最嚴重的後遺症，當情緒的假象飆到最高點時，恨就站在靈魂的山頭上，插下攻頂成功的旗子。

裝滿恨意的容器，很難找到完美的機會，將滔滔的負面情緒立即轉向那個想傾倒的目標，如果又不幸，遇不到合適的替死鬼，恨意衍生的憤怒就找不到出口，得不到解決，時間遂逐漸將火紅的仇恨，釀成深冷靜默的恨意，深深埋在心靈的古井中，待有人來打水時，才趁機發洩一下。

恨，像蹲踞深井中的蛇

然而，被恨的目標卻是很聰明謹慎的，從不來打取井水，從不讓那個恨他的人有機會進行報復行動，所以恨意就一直只能像井底的蛇一樣，閃著寒光，苦苦地恨著，等候著報復的機會，生在井壁上的青苔，卻讓這條蛇想爬也爬不上來。

我們在武俠連續劇中，經常看見滿腔仇恨的角色，在仇恨心之下，忍受孤寂，在深山中苦修，就為了學成上乘武功後去報仇，卻在找到仇家後，發現仇家已死，他過去多年的生命目標，乍然幻滅，頓時茫然不知何去何從。

或，仇家已經悔改，不加反抗，任他處置，此時，滿腔仇恨卻讓他手軟，因為他一直設定此人為十惡不赦，在過去的歲月中，就是靠對此人的強烈的恨意而存活，今日一見，卻是一個不願設防的人，跟他假想的仇恨對象不能吻合，於是握著長期儲存的恨意，卻找不到預期存在的付款處，不知要到何處去消費。

以長久的時間去恨一個人，其實是非常困難的，需要具備強大的毅力與幻想能力，必須無時無刻都在幻想此人是萬死不足惜，才可以永續維護著你的恨意，因為恨，不是人類原本就存在的情緒。

求不到愛，轉成恨

愛，才是原本鑲嵌在生命體中基本情緒。當愛不到對方，被愛得不夠，或是不被所愛的人善待，愛意才會在求不得之下翻轉成恨意。

假若希冀讓自己能不間斷地去恨一個人，最好在復仇前都不要再見到他，這樣才可以恨得久久長長。倘若見了所恨的人，可能會幻想破滅，變成恨自己，也可能抱著滿腔的恨意卻不敢發出，回家以後，又更加恨得搥胸頓足！

還有一種典型的連續劇角色，他的恨是細細密密，川流不息，他恨的對象不只是一個特定的人，而是一組他認定對他有負面價值判斷的人，講白一點，就是看不起他的人，但是他從不在人前洩漏些許恨意，依然笑容可掬，送往迎來，擺出一副肚大能容百川的模樣，他的恨，卻像是血液中某種可以操控意識的微量元素。

這些恨不至於到生死相許的地步，卻構成一股向上攀升的力量，讓他默默自我許諾：「我就是要證明給你看！」、「我一定要變得很有錢，讓你後悔今天的行為！」他的恨來自深信別人不尊重他，身邊的人釋放出的潛在與表面的訊息，都嚴重損傷他的自我價值感，把他的尊嚴重重地踩在腳底下。

如此的恨意，常常演變成一種恆常的心理狀態，有時候像一隻狂吠的狗，有時卻像冷冷吐著舌信的毒蛇，讓人循著恨意向上攀升，同時積極地防衛攻擊，也自我囚禁；他們與那些明明白白去恨，也知道自己恨的是誰的那些人，有著極大的不同，他從不承認自己有恨，更從不認為恨意就在自己的心中流動著。

他們的恨不被自己承認，被恨的對象從那個引發恨意的人，轉移到所有的人身上，有時也不由自主去恨自己。

這樣的人，除了納入作為同夥的人之外，不自覺地把每一個人都當作是潛在的仇人，對自家人照顧備至，挺全力護衛他們，對所謂的外人就是一副攻擊防衛、錙銖計較的模樣；一般時候，表面上很客氣，其實是陰冷無情，如果有人不小心誤入他的領域，或是犯了他的禁忌，甚至只是不想被他納入同夥，不按照他規定的方式去認同他，馬上就會展現多年苦練的上乘復仇武功，攻擊對方，但是大多不是明攻，而是以暗器襲人。

在沒有人認識他的地方，這種人會在你不小心踩到他的腳，還來不及說對不起，就用三字經罵你的祖母，或是用惡毒的眼光看著你說：「你沒長眼睛！」留下驚嚇錯愕的你；但是，當他／

她在廟裡、社區作義工的時候，卻一定是笑容可掬，親切可愛又熱心助人，假若你一時不接受他的好意，他又會說一些拐彎抹角的話，讓你心裡極不舒服。

他的恨意像是深水中游走的潛龍，浮潛無度，它的存在卻是不容否認的。恨，讓一個人隨時像一隻滾沸的鍋，鍋內滾燙沸騰，即使千斤重的蓋子壓頂，有時也會噴出幾滴滾燙的濃液。沸騰的水氣是不長眼睛的，灼傷別人也灼傷自己，鍋內沸騰的不是別的，只是自己的情緒罷了！

如果，恨不到想恨的人，傷不到想傷的人，就會自動轉換成恨自己以及自己所在的世界，恨成為戕害自己的刀械！

恨意，需要諸多條件堆積而成

情緒能夠被演化成恨，或是仇，需要有強大的推力與條件，要有一個密合的蓋子，也要有永續不息的爐火，才能被醞釀堆積，所以是順應因緣而衍生的，就像湘芷對晴雄的恨。

湘芷認為晴雄欠她太多，她卻不曾在人前怨過，恨卻越來越濃，恨晴雄，也恨命運。

被棄的女人將怨恨精緻包裝，讓自己像一個無怨無悔犧牲奉獻的女人，湘芷所選擇的自我形象就是如此；然而，真正的湘芷卻是被自己丟入油鍋煎熬的餓鬼，當愛滑入口中，就變成熾熱炭火，她是永遠無法吞下愛的飢餓靈魂。

這是晴雄離開她的前因，也是結果。

晴雄原本是愛她的，湘芷卻只能像一口深冷的井，看起來似乎無怨無悔供家人取用，但是每當晴雄把愛投入湘芷的心，卻只能聽到從深井中傳回來的淡淡回音，讓晴雄不禁自問，湘芷是不是愛他？好像是愛他的吧？卻又如此讓人難以確定，唯一能夠確定的是，取上來的井水，越來越冷，越來越寒徹心扉。

湘芷對晴雄也有類似的感受，不同的是，湘芷在晴雄這口深井中，總打不到足夠的水！

晴雄也是恨的，他想在婚姻中獲得自小沒有被餵飽的溫存需求，湘芷卻是不斷地跟他索求晴雄所沒有的，用的是冷冽空洞的聲音與姿態，到最後，只有在指責的時候，晴雄才覺得湘芷是有溫度的，但那溫度卻是滾燙傷人的。

這樣的落空，比在父母那裡得到的失望，還要大得多，因為他將所有的欠缺都寄望在這個妻子身上，以為湘芷可以裝滿他早已虧空的情感袋子。

可是，提著空袋子走進婚姻的男人，常常也會遇到另一個抱著更大空袋子的女人！

與湘芷不同的，晴雄的恨是向內的，撤退的，緊縮自己，讓自己像一隻縮頭的烏龜，因為要不到，因為恨，所以裝死，不予你任何回應！讓自己像隱形人一樣！

不言，不語，不還手，不回應，晴雄的存在就是一種嚴峻的報復，如此的恨姿，足以引出更猛烈的恨意。

湘芷的關心、抱怨、嘮叨、提醒，以及對這個先生所做的一切，都得不到期待的回應，晴雄總是虛應著，總是不反對的，總是哼哼哈哈，不痛不癢。

冷漠的姿態就像一支支暗箭，連射不斷！但是，湘芷又看不到真正的箭，明明被晴雄的冷漠所刺害，卻提不出任何證據。這些都足以讓湘芷對晴雄恨得滾燙，於是，開始用明箭去反擊，語言的攻訐、刺傷，用盡任何手段，只想把烏龜頭給逼出來。

終於，縮頭的烏龜趁著月黑風高，被逼得逃走了！

結婚沒多久，湘芷就發現晴雄不是婚前所想像的模樣。

婚前，湘芷總以為晴雄是她的神，或者應該說，湘芷認為男人應該活得像一尊神！像一個可以予取予求，由她全然依靠信賴的，像一個神的男子，是湘芷找丈夫最重要的條件，她把幻想中像神一樣的丈夫，套用在晴雄這個男人身上。

活著的神，很難在人間被發現，特別是在人間的男人當中！

讓湘芷從耀眼繁花，跌落到一堆腐敗落葉中的，卻是發現晴雄是那麼像自己父親嬴宇。

父親嬴宇在湘芷的記憶中，從來都是虛軟無用的男人，永遠都是垂頭低迴，張著一張心虛的嘴。有人說，他是好好先生，好脾氣不計較，有人說是母親好好惜太厲害能幹了，才會讓父親變成這樣，也有人說他是個沒有擔當的懦弱丈夫，才讓太太這麼辛苦，替他背這麼多家庭責任！

身為長女的湘芷，認同的是最後一種說法！爸爸是無用的，慣性地逃避身邊的一切麻煩，反正總有媽媽在扛，也總有女兒在替媽媽分擔。

從她開始替媽媽背負家庭責任，湘芷的恨就開始萌芽！

最初的恨是來自不公平的感覺，「為什麼我應該要負擔這些責任？別的女孩子可以出去玩，為什麼我必須工作？別人可以繼續升學，為什麼我應該要放棄學業？」

湘芷不甘心，同時又覺得自己理應要承擔，她怎麼忍心看媽媽一個人揹負這麼沉重的擔子？

恨意，在應該與不甘願之間震盪著！

媽媽不是用好言好語要湘芷跟她一起為這個搖搖欲墜的家戰鬥，她能使用的方式，只有罵，罵得湘芷頭都不抬起來，只敢拼命工作討好媽媽。

好惜也不甘心，為何上天這麼不公平，做女兒的時候活得如同牛馬，嫁做人妻以後，反而必須扛更多責任勞務，她也希望有人疼愛啊！每當天未亮就早起準備著肉攤生意的時候，恨意就跟著高漲，兒女們伸手要錢，她就生氣地咒罵，「你們都是來討債的嗎！」

「每個人都跟我要這個要那個，我能向誰要？誰來疼我，愛我？」

恨就在無助又缺愛中，無盡蔓延開來！

恨意的背後，卻是無助

一個額前標著恨意的人，看似挺立堅韌，背後正揹著龐然的無助。

無助感是可以代代傳遞的，好惜將她的無助感，像衣缽一樣的傳給她的三個孩子，無助感在三個孩子身上各自發酵延展，成就三個不一樣的生命歷程。湘芷沉溺於掌控，湘華任人索求要脅，湘勇像個沒辦法戒斷奶嘴的大嬰兒。

無助感在湘芷身上，發展成苛求又掌控的傾向，她也是最像好惜的孩子，湘芷從小就被要求成為媽媽的影子，做媽媽的左右手。

維持掌控傾向的重要成分之一，就是無盡綿長的恨意，潛藏的恨意又以苛求自己與別人的模樣出現。掌控別人是很耗費精力的！需要一個強大的情緒能量支持著才能長久維持，恨意就可能喬裝成萬能的掌控者，兩者相互依存，又互蒙其利。

然而，每一個有恨的人，心中的恨意都不盡相同，恨是不是能發展成掌控魔掌，端看此人的性格與所擁有的條件而定。

好惜的無助感滋生恨意，恨意消耗大量的生命本體能量，生命本體又必須自求生存，所以在恨意的基礎上，又發展出各種生存技能以便延續生命的運作。

掌控、苛責都是恨意變幻出的生存手法，讓一個人以為他能夠活得下去，也讓恨者恨得理直氣壯，更重要的是，讓恨意有了缺口可以噴出，不至於完全自爆於內，毀滅了恨者。

從無助感過渡到恨意，有一段長長的路。

無助如果沒有發展成恨意，路可能就走不下去了，當活下去成為不可能的任務之時，恨意自動替主人開出一條得以存活的道路。

但是，如果無助之後，有機會獲得轉換，從內在真正獲致堅強與自愛、愛人的能力，她走的一定是另外一條路，將不同於恨意建築的道路。

好惜對子女不是沒有愛，只是無助感使她很難讓子女感覺到她的愛，愛輾轉於粗糙多石的道路上，顛顛簸簸傳到盡頭時，已經殘破不堪了！

她的無助感也讓她給不出更多，心裡總想著如果給了別人，自己就不夠用了！可能就不能活了！她常常想：「我所擁有的已經這麼少了，你們還要跟我要，我去跟誰要？」基本的生活需求沒少給，就已經有夠善待你們了。

「我沒讓你們餓死，就對得起你們了！」

一想到贏宇除了喝酒遊蕩，什麼都不管，心中更是氾濫著恨意，「有本事，去找你那個沒用的爸爸要啊！」好惜腦中時時回盪著這些聲音。

「沒有人給我，所以總得存多一點糧草，只有兒子可以跟我分享存糧，其他人休想！兒子才是我的希望，等他長大獨立，我就有個男人可以依靠了！」

無助，讓她變得堅韌，她卻不願意自己是這樣，「女人不應該這麼辛苦的！」像是獨立自主這一類的人，在好惜的腦中，只能存在於男人的世界，當她必須是個獨立自主的女人，她就怨恨，怨恨自己的能幹，怨恨讓她能幹的男人，最深沉的是，她怨恨必須獨立自主的自己。

因為無助，讓她變得更加堅韌；怨恨，卻讓她僵硬如失溫的軀骸。

恨到最後，恨的還是自己！

她並沒有因此而讚美自己的成就，沒有讚美自己以小小的豬肉攤子，養大三個孩子，還買了兩棟房子。她深深相信，自己只擁有所有的不甘願，只有叨叨絮絮的不甘願跟著她，只有無窮無盡的恨意跟著她。

好惜以為她的恨是來自別人的虧待，其實，那只是一個起點，緊接著的滾滾恨意，都是因為她不能真正認同自己的生命，而不斷翻滾出來。

平靜無波的水面，原本可以映照出一張美麗的臉，是好惜自己將水波撩動，讓水紋扭曲了自己的影像。

生命的水，它的顏色可能不是你自己可以決定，然而，想映照出什麼樣的臉，卻是自己可以全然決定的。

恨意在家族中傳承著

湘芷從小就覺得媽媽是不得已才生下這些孩子，然後又不甘願地養大他們，特別是對兩個女兒。

媽媽那種「有養你就不錯了」的教養態度，也滋生她的無助與不甘心，家事是她做的，飯是她煮的，最聽話的是她，為什麼媽媽不愛她，老是說一些讓湘芷覺得自己豬狗不如的話。

對媽媽又愛又恨，愛是與生俱來對母親的情感渴求，恨卻是在永遠得不到媽媽的溫柔呵護後，逐漸增生。

這時候，湘芷也恨著父親，「如果爸爸能像其他人的父親一樣的負責任，媽媽一定會多愛我一點，媽媽是因為太辛苦了，才不能愛我們更多！」

年少的湘芷，為了舔平傷口，總是這樣想著，她默然地原諒了媽媽，也更加地認真幫媽媽做生意、料理家務、照顧弟妹。

對爸爸，湘芷卻是絕對無法原諒。

她暗暗地許諾自己，絕對不要跟媽媽一樣，嫁這種男人，她從來都無法原諒爸爸，不幸的是對父親的恨意延續在丈夫的身上，多年了，也不曾原諒過出走的丈夫。

初識晴雄時，她原本認定，晴雄不是如同父親一般的虛軟男人。

其實，成為丈夫的晴雄，也可能不是後來演變的樣子！他只是具備某些可能會變成贏宇的本質，卻不必然會變成贏宇，是湘芷帶進婚姻中的潛在恨意與匱乏，以及處處想預防晴雄像贏宇一樣的恐懼感，讓晴雄被推到同一個模型中。

層層潛在的恨意早就讓湘芷變成一個女鬥士，當然，好惜也是，是這兩個女鬥士撐起這個家。

既是鬥士，當然到那裡，都不能不戰鬥。當湘芷自組家庭之後，另一個戰場於是開啟。

在以前的戰場上，湘芷是被迫去戰鬥，現在她卻沒有辦法停止戰鬥的習性，相愛的夫婿化身成假想的敵人，湘芷不由自主地害怕種種事情的發生，如果不事先預防，晴雄會變成另一個贏宇，一出現任何與父親雷同的跡象，就必須迅速剷除。

湘芷所擁有的基本武器就是嘴巴，叨叨絮絮的叮囑、批評，永不停止的嘲諷、貶抑。

不只是湘芷對晴雄失望，晴雄也有他的失落，以為離開了母親的槍林彈雨，可以做個好夢，卻又進入另一個戰場。

掌控與攻防，於是接掌了婚前美好的親密關係，也打碎了倆人對婚姻的美夢！

晴雄不是陽剛威武型的男人，可以說是個溫柔男子，因為溫柔解意，所以吸引了湘芷。湘芷在跟隨母親的生活中，已經被磨礪得強韌無比，雖然心中有柔情，心表的繭，卻結得太厚，不容易流露纖細的感情，雖然如此，她對柔情卻有著異於常人的渴求。

性別化的刻板認同又助長了彼此的恨意

鬥士的柔情是很少顯現的，除非遇到另一個柔情似水的女人，晴雄就如同鬥士的女人，激起湘芷的柔情。

不幸的，他卻是男人，湘芷是女人；相同的是，他們都是女鬥士養大的。

男人在成長過程中，一定吸取了父權社會對性別的刻板認同，女人當然也是。好惜不能承認自己在菜市場累積的成就，就是傳統女性角色認同在作祟。

湘芷與晴雄當初互相吸引的，就是互補的靈魂特質與各自內在的匱乏。湘芷期待有人對她溫柔疼惜，晴雄體貼溫厚的個性，剛好填補了湘芷在原生家庭中享受不到的柔軟溫情。

而晴雄原本就習慣跟能幹的女性生活在一起，因為對母親的依賴，晴雄其實是非常依賴這類的女人，再者，像湘芷這樣聰明能幹的女孩能接受他，也讓他覺得自己的男性特質是被肯定的。被女性肯定，有女人願意愛他，對晴雄而言很重要，因為在媽媽的指使性教養之下，他對自己充滿負面的認知，尤其是關於「應該要像個男人」這方面的性別認同。

這樣看來，他們應該是相容相合，可以執手偕老直到白頭；但是，學習來的僵化性別認同，卻又讓彼此越看越不對眼，失望之情汩汩流洩在親密關係之中。

晴雄在結婚後，開始暗自嫌湘芷太能幹了，不像個小貓般的女人，湘芷的一言一行都讓晴雄覺得自己不是個被崇拜的威猛男子漢；而湘芷也覺得晴雄太過軟弱，太沒有擔當，似乎這個家都得靠她支撐，開始對晴雄失望不滿。

因為觀看自己與觀看親密伴侶的同時，都抱持著刻板的性別角色態度，當初相互吸引的特質，就完全被倒過來詮釋了！

傳統的男性文化，傾向將女性嬰兒化，被嬰兒化的女人，在相對位置上，突顯也增強了男性的雄壯威武形象；不論此男人認不認為自己雄壯威武，當女人不夠嬰兒化，不夠柔弱的時候，這個男人就會覺得有點不被滿足，其實是不滿意這個女人怎麼沒有虔誠膜拜，身為丈夫的男人呢？進而又懷疑自己是不是不夠如陽具象徵般的剛挺聳立？是不是自己沒有征服這個女人？是不是自己不夠格讓女人以崇敬的姿態去愛他？是不是女人看不起他？所以女人才會在他面前不像一個嬰兒或是小貓咪，如果答案中有那麼一點肯定的意味，男人就開始恐慌起來了！

男人怎麼可以沒有征服她的女人呢？這樣就不是男子漢了！然後，莫名其妙的情緒就開始氾濫，更強力想征服女人的行為不自主地被恐慌情緒所驅使。

晴雄本來就知道自己不夠陽剛，他一向很細心，很會關心別人，很自然想去照顧身邊的人，所以母親麗子常常稱讚他貼心、孝順，但是媽媽也常禁止他真情流露，說他這樣不像個男孩，出去外面會被恥笑，以後會被老婆欺負。

與他的原有個性對立的性別角色認同，也同時存在於晴雄的自我認知中，他熱切希望自己是一個剛烈勇猛的男人，麗子也是如此期待；晴雄以為結婚後，將變成一個真正的男子漢，一個頂天立地的大男人，一個被社會認可的男性，當然，晴雄所暗自設定的條件是自己必須能夠「駕馭」他的女人，壓得住妻子。

因此，關於自己，晴雄存在著兩個對立的認同，當媽媽讚美他體貼的時候，他喜歡自己的陰性特質；然而，另一方面卻也不滿意自己不夠陽剛，認為自己傾向女性的照顧者性格，不是男性該有的。

於是，他將這些性格傾向，合理化成只有在孝敬媽媽時才可以是這樣，另一方面，也期待加強陽性特質，讓媽媽更滿意，因為媽媽也說，男人應該是陽剛的，對待太太應該強悍、宰制，給她壓到底，她才會聽話、好管，必要時動手修理老婆，也是可以的，因為這是我們家娶回來的女人。如此對立的內在認同，都來自麗子的灌輸。這些觀念形成晴雄陰陽對立的行為模式，在媽媽面前是可以呈現陰性的照顧特質，應該關愛孝順，細心體貼媽媽；但是，作為一個丈夫就不應該這樣，要表現得剛強、勇敢，甚至霸道。

然而，這違反了晴雄的本性，讓他作為一個丈夫的時候，既不體貼，也不堅強，變成一個器量狹小的蹩腳男人，只會指使要求，卻承擔不了什麼責任，一點都不能讓妻小相信他是個穩固靠山。晴雄對男性角色演出的自我設定，讓自己變成這副四不像的模樣。

晴雄沒有辦法肯定自己既有的人格特質，又沒有辦法盡情演好預設的角色，結果是，偷偷地對自己越來越失望，極力地掩飾真正的自我，這些心路歷程都是不為外人所知的，即使是枕邊的湘芷都不知道。

這樣的晴雄，當然是越來越討厭自己，自我價值感越來越低，顯現出來的就是撤退、消極與裝死，又恨極了自己為什麼是這樣？

「裝死」成為他在掙扎中，衍生出的生存技能。

湘芷看在眼中，先是著急，極力想幫他振作，但是她越幫他，越是顯得晴雄的無用。她眼見好意無效也不被接受，恨鐵不成剛的負面情緒逐漸滋生，緊接著變成更嚴重的苛求言行，嘲諷、謾罵與虛應、沉默成為他們每日對話的基本戲碼。

於是，晴雄遁走了！他想，或許在其他地方，可以活得像個人樣，不只湘芷，連他自己也忍受不了自己這樣的生存姿態。這一生中，所有的親密關係都太沉重，當然也包括母親麗子。

出離的頭幾年，晴雄像一顆新生的星球，大大小小的爆裂，不停地發生，在破壞自身的同時，也在創造這顆星星的新生命。

相信自己可以僅僅只是自己

某一天深夜，晴雄又陷在斷裂的自我當中，靈魂的疼痛是呼吸中唯一的元素；晴雄卻仍舊努力想找到一小塊，沒有被疼痛染上的踏腳地，即使只夠爬上一小步都可以。

他的腦中突然切入一個畫面，那時候晴雄大概是五歲吧，媽媽摟著他說：「小雄最貼心了，都知道媽媽的心意，我有一個兒子，又像有個女兒！」

當時的這些話對晴雄的自我價值感加了很多分數，當下的小雄非常喜悅，非常喜歡自己。

晴雄問自己，「為什麼成長之後，就漸漸不再喜歡自己？為什現在這麼恨自己？」

終於，他發現，過去的小雄喜歡自己的因素，變成長大的晴雄不喜歡自己的原因，他否定了自己原有的靈魂特質，但又無法變成想要變成的那個樣子，所以才會表現出這麼無能錯亂的模樣。

一段不經意的回憶，讓他找到轉換生命的契機。

晴雄開始有了些許領悟，不喜歡自己，就不能夠真心喜歡別人，也沒有能力真的愛自己，更不可能有品質地去愛人，讓所愛的人感覺到他的愛。

幸好，過往母親對他的某些肯定，還留在記憶中。

這次自我觀照幫助他窺見了那條藏於蔓生荊棘中的紅磚道；雖然，大部分路面已經毀壞，他仍舊是欣喜的；晴雄微笑著，垂首收拾起散落各處的自我碎片，希冀完全以自己的意願，一片一片重新拼貼自我，開啟自我重整的契機。

晴雄終於清楚看見可以帶他回家的紅磚道，知道應該開始以自己的雙手悉心重整舖設這條可以帶他回歸心靈樂土的道路，而不論是整土燒製，或是垂首鋪陳的功夫，都不能尊他人之意、假他人之手。

在他的生命歷程中，晴雄第一次願意相信，自己可以僅僅就是自己。

晴雄開始統整過去與現在的自我，學習全然接受自己，以及自己的想法、自己的感覺。這些領悟讓他找到鑰匙，打開了那一扇原本終其一生可能都緊緊閉鎖的門，啟開此門之後，他緩緩地、戒慎地，穿到門後的新世界。

他不再恨了，也不再逃避，開始能夠愛，也能夠寬恕！

不過，湘芷卻不願再一次接納晴雄，仍舊不能原諒他。湘華也是被丈夫離棄，奇怪的是，她卻沒辦法真正去恨東興，她不敢讓自己恨，就如同她不敢讓自己去拒絕別人的掠奪一樣！

為什麼這個家庭中的姊妹都遭受這種命運，是因果業力？是家門不幸？還是祖先沒有積陰德？

這些推論是很多人對家族不幸的唯一解釋，然而，這樣的解釋公平嗎？可以幫他們跳脫深淵嗎？

父親贏宇為什麼不負責任，我們姑且不去討論。好惜獨自承受無助孤立的生活壓力，因此而練就一身本領——勤勞、節儉，另一面則是苛求、挑剔，同時也極端沒有安全感，恐懼感充滿在生命脈絡中，把一切都歸為是命，是自己命不好，一定是業障太重，似乎這一切都是她應得的報應，好惜因此認為自己非常卑微，沒有自信，不能肯定自己；但是她又極不願認命，所以怨恨，恨丈夫無能，恨天地不仁，生命於是擺盪在這些情緒當中。

好惜的生命中所有的一切，當然都藉著每日的言行、謾罵、指使，鉅細靡遺地傳承給她的三個孩子。

湘芷與湘華各自發展出一套求生存的技能，一個掌控，一個任人宰割，同時也把原生家庭中的恐懼、匱乏與自卑，帶進婚後自己建立的家庭中，作為建構新家庭的基石。

父母的婚姻所衍生的問題像連續劇一樣，一集一集地接著在兒女的家庭中演出續集。這就是所謂的家族業力吧！家族業力的延續靠的就是人的情感需求地圖，與慣常的溝通模式，他們的情緒型態又構成家族業力的基因。

好惜的負面情緒構成她對待湘芷的模式，叨叨唸唸一直罵不停，不斷地指使，不斷挑剔，不斷的要求，所有向丈夫要不到的，都盲目地轉向女兒，所以湘芷進入婚姻後，也只會行使這種互動模式。

奇怪的是，作為一個朋友，湘芷卻不會如此，所以談戀愛時，並沒有顯現這些人格特質。學校中的同學，並不會像媽媽一樣對待她，所以她也不必要表現得像在家裡一樣。

在家庭中學習來的溝通模式，在進入家庭中才容易被引發，特別是當湘芷必須扮演一個妻子與母親的角色時，從母親那裡學來的一切，就積極在新家庭中，重新開張運作。

正當晴雄能夠將內向的恨意，轉換成生命資糧的時候，湘芷並沒有發現這些生命歷史所隱藏的意義，她還是陷在恨意當中，她的恨是外求的，又內傷的，跟好惜一樣。

敏方與父親重逢之後，開始重新思索這個傳承的脈絡。怎麼解開母親的恨結，如何拆解這些情緒基因，成為她的新功課。敏方希望這些負面的情感傳承從她開始斷裂，改變流動的河道，她也希望未來能夠擁有拆解家族業力的能力，帶著這些親愛的人重返心靈的原鄉！

重返

用恨意編織盔甲
恨又奉送一匹戰馬
血與肉做成弓箭
戰鬥啊　戰鬥啊
誰是敵人　誰是敵人
怯步　卻恨著　恨不出　步履卻蹣跚

無力弓箭刺向自己
失骨盔甲化作喪衣
恨　翻飛如著火的銀箔
閃爍自燃於無地著力的空虛中
鮮血汩汩無影流竄
污血結痂成石
待日照　石裂成人　著翼躍起
開啟恨牆擱下的淚雨
在空虛中埋下
待春
待雨
著一身剔透的果實　重返

實作練習——恨的解藥

恨，傷害恨者，而不是被恨的人。

恨意，因為出不去，才會讓恨者繼續恨著，所以終究是自戕，除非恨者拿著刀子衝出去宰了那個可惡的人！恨，於是得到紓解，但是，接著必須面對的，就不只是報仇那麼簡單了！

所以大部分的人都很難找到可以當下了結，殺人不見血，又不被發現的報復手法；恨，於是就繼續存在意念中，翻滾著，在生命中張狂地飛舞。

有人會說，時間可以沖淡一切，這是那些沒有恨過的人，沒有被深刻傷害過的人，憑空想像出來的對白，對著陷在恨意痛苦中的人說這種話，會讓他對自己的情緒有更深刻的無力與罪惡感，好像是他的人格有問題，自己喜歡恨，容易恨，才會如此痛苦！

恨過的人都知道，放任自己在歲月中遺忘，是不可能真正解恨的！傻傻地被動地活在時間當中，是不能沖淡什麼，但是時間卻提供我們積極去觀照與轉換的可能性！

讓我們來想想，當你不能如同古代俠客一樣，打著正義的旗幟去幹掉那個你恨的人，如何才能解救自己，讓自己不再去恨？

恨，有能力將過去傷害你的情境，一再為你重演，像播不完的電視連續劇，讓傷害與疼痛，在你的靈魂中一天天茁壯延續；或者，恨的精靈為你訂做一尊與仇人一模一樣的人偶，慫恿你每天都拿出來，自編戲碼，搬演一番，不由自主地讓這個自己製造的仇敵，拿著利劍一再攻擊自己，照三餐節令按時傷害著你，你的負面情緒要不奔騰氾濫都很難！

要解恨，必須先讓自己不去拿起那個仇敵的人偶，人偶不被你自己搬演，自然不再拿著與真正仇人相仿的刀劍繼續刺傷你。

那個似仇敵的人偶，在你的恨意想像中成為無窮負面情緒投射的對象，但是在確實的當下，真正承接恨意，並重複被傷害的人卻是你自己，試著想想看，十年前仇人可能只射你一箭，然而在往後的十年當中，你念念不忘那一箭，日日溫習著那椿痛，日日舉著舊日的那支箭恨恨地刺著自己，此時，無窮無盡傷害你的人到底是誰？你明瞭了嗎？

如果你總是不由自主地想伸手取出人偶，自編自導自演過去、現在與未來的痛苦戲目，在戲開場之前，請你暫且將手抽出人偶做一個檢查的動作，只要一下下，不是不讓你恨，也不是不讓你演，只是請你先細細檢查這個酷似仇人的娃娃，請你問自己：

現在這個仇人，在你身邊嗎？

在這個當下是真正仇人的本尊，令你痛苦？還是你自己製造的人偶，讓你痛苦不堪？

這個仇人的偶，到底是你？還是他？

請你勇敢地回答！給自己答案後，你愛怎麼演就怎麼演！

如果你覺得自己有本事可以永續搬演那個「她」或是「他」，堅持一定要努力地演完這齣恨戲，在搬演的時候，去問人偶的他／她，為什麼要這樣對待你？讓演人偶的你，回答自己！

這樣的對話與比喻不是為了玩弄文筆，如果你願意試試這樣的思考脈絡，你將得到自我的心理治療，那個你自己所製造出來的人偶，一定會說出意想不到的答案。

許多負面情緒的原因，通常是心中不解：「此事為什麼降臨在我身上？」、「為什麼是我？」、「他為什麼要這樣對我？」

如果你心中有明確答案，就不會痛苦，因為得不到令你滿意的答案，所以很不情願地將此人傷害你的行為歸因成「是不是他覺得我活該，是不是他覺得我很差勁，所以覺得我活該值得遭受如此的對待？」

然後你又會問自己，「我真是這麼不好嗎？」

接著，你就逐漸相信，自己可能真的是個不值得別人善待的人，活該被這樣錯待，自我價值感就在這些疑惑無解的往返之間越變越稀薄，越來越殘破。

恨也是如此，當傷害發生時，被害者一定異常震驚，同時會問「為什麼是我？」

一個兒子死於車禍的母親，知道死訊之後，一定會問，為什麼是我們？難道我們做錯了什麼嗎？因為做錯了什麼，才應得此報應嗎？

她會先從外在因素去尋求解答。當她發現兒子並沒有違反交通規則，規規矩矩開著車卻死了，可能充滿怒氣與恨意地，去找撞車的另一方算帳，或是找政府賠償。

如果在現實脈絡中找不到可以讓人接受的原因時，她就會轉而問自己，是否就是某種不可見的因素導致她失去兒子嗎？不能休止地自問，「是我不好嗎？」、「是我做過什麼壞事嗎？」當外在確實的因素再也不能解決內心的疑問，人們就無助地轉而尋求無法確定的解答。這也是深層痛苦的開始，她開始自我歸因，「我不應該買那部車給他！」、「我不應該叫他去辦事情！」這位母親，無法遏止地開始恨自己！

找不到確切原因的靈魂，恨著，卻胡亂闖蕩，最後開始懷恨上天對他不公平！因此，恨，就創造了個假想敵，藉著這個敵人，在意識流中漫無目的流浪著。

如何找到回家的路，你想到了嗎？很簡單，為自己創造可以接受的理由，全然接受它們，然後再把它們都放下。

很難喔！我聽到你在說：「很難！唉！」

你很聰明，解恨這件事情當然很難，可是留在恨意中，不難嗎？

以下是本次作業的步驟，記得準備紙、筆（或是錄音機）、衛生紙（用來擦鼻涕與眼淚的！）：

問此人為什麼要傷害你？並要求道歉。

如果此人是可接近的，此處的「可接近」有幾個意思，他還沒死，他是可以找得到的，他是可見到的，或是他是你願意接近的，請你去問出他傷害你的原因。

問的時候要先調整自己的情緒，用先前說過的「單純清楚原則」——單純的心念與適當的問句來問，單純的心念就是，告訴你自己，「我今天不是來興師問罪的（雖然你很想），而是要來搞清楚，你為什麼要做那些事情的！」

如果你是去興師問罪，他自然會攻擊防衛，就得不到最接近真實的答案，即使得到回答，你自己也不會相信。

適當的問句，就是盡量用沒有情緒的字句去問，可以在事先演練，找一個冷靜的，不喜歡生是非，不會搬弄情境的人跟你一起去，他可以幫你冷卻氣壓。

當他給你答案後，卻沒有道歉，你可以請他道歉，或是問他願不願意道歉？如果他最後還是不願意道歉，你可以跟他說，為了你自己，不管他願不願意道歉，你都願意原諒他！

之後，用幾天的時間，回顧咀嚼所得到的回答，問自己，你釋懷了嗎？你的恨意減少了嗎？

如果已經釋懷，請你深刻觀照自己，為什麼他的回答可以使你釋懷？你將從其中獲得珍貴的意義，恭喜你！又打了一針情緒的預防針！

如果沒有，請你老實問自己，他的回答為什麼不能滿足你？是你不相信他？還是傷害你的，另外還有其他來源？

如果所恨之人是不可接近的，請做第二項作業。

為自己尋找答案。

找一個舒適、不被干擾的時間與空間，開始我們的解恨觀想。

開始想像這個讓你不甘心，或是深深仇恨的人，想像他就在你面前，你想問他什麼，通通寫在你事前準備的紙上，或是錄在錄音機中。

接著，用15—30分鐘一再閱讀，或是聆聽自己的話。在這個過程中，有什麼情緒來叩門，都讓它們出來，不要壓抑情緒，更不要去譴責或是評斷想冒出頭的情緒，能哭就盡量哭，要罵就盡量罵，記住！你是被自己允許的，允許自己可以放縱自己的情緒奔流，你是可以盡情地去恨，去怨，你是可以的。

把自己放在那些問話所引發的感覺當中，想像此人聽到了你的痛，也了解了你的苦，接著，寫下「你希望」他回應你的話，以及「你希望」他給你的合理解釋。

記住！這些話不是你一貫認為他會給你的漠然回應或是攻擊防衛式的答案，千萬不要在此時告訴自己，「他絕對不可能會這樣說的！」

他以前都是如何說，或是他一向喜歡怎麼說，在這裡一點都不重要，重要的是，「你希望」他如何對你說？「你希望」他會說什麼？

依循著你的希望，才可能撫平你的創傷，消滅你的恨意。

這樣一問一答的步驟，可以持續幾個反覆，直到你覺得可以結束對話為止。之後，在數天或是數月之內，找個不受干擾的時間，自己覆誦這些對話，或是反覆傾聽這些對話。

此時，如果有什麼奔騰的情緒想出來，放任它自由表達，不要去壓抑，你仍舊是被自己允許去承認你的情緒，並將情緒放出心的監牢。

最後，靜下自己，觀照各種不同層次的感受，描述你的感受，並記下你所有的感想。

最重要的是，要讓自己深刻相信，此人真的理解了他對你的傷害，並深感愧疚與抱歉。這個相信是全然為了你服務的，為了你往後的幸福、快樂與自在生活而存在的，並不是為了那個仇人而存在，更不為了替他脫罪而被創造出來。

這個作業可以持續幾天，你可以在一天做完，但是聆聽與朗誦可以持續數天、數週，甚至數月之久，在反覆觀照與體悟中，讓自己的情緒，特別是恨意與不甘心，恣意奔跑，大聲的哭泣，大聲喊叫，沒有不該，沒有界限，告訴自己，「我是美好的！我是值得被善待的！我也能放下！我也能寬恕！」

讓你相信自己觀照出來的理由，讓你可以原諒一個人對你無由的傷害，同時你也原諒你自己的被傷害。

寬恕他，並讚美自己能夠寬恕。

你發現了嗎？只有寬恕才能解恨。如果他不能給你一個合理的理由，你就自己給自己一個，可以嗎？你願意答應我嗎？

但是，希望你所想出的這些理由，沒有一個是像算命先生說的，是業力啊！是你欠他的啦！

所以你活該被傷害，所以你活該被強暴，活該被倒會等等，這種不需要動用大腦，同時更讓人找不到重新振作的著力點的理由！

此人如果是你認識的人，你可以去蒐集資料，問問他身邊的人，說不定是年輕時的創傷才會讓他這樣對待你，他也是受到心理傷痛的驅使，才會這麼討人厭！知道了他的歷史，再去建構他可能傷害別人的原因。

如果此人是你不認識的人，你可以自己建構他的歷史。或許他罪該萬死，罪有應得，死不足惜！但是，那是他，不是你，你如果永續讓恨意跟著你，是不是意味著，你也跟著他一起沉淪於罪該萬死之中？

最後，我要說的是，寬恕不只是為了寬恕那個人，而是為了讓自己不再舉起那個很像仇人的人偶，繼續傷害自己。

寬恕，不是便宜了他，只是為了讓你超越情緒的囚禁，只是為了讓你可以不再痛苦！

最後，如果你願意寬恕他，也已經走出恨意編織的網，但是，你仍舊不想見到他，或是，見到他還會有一些不悅情緒，或是雖然不恨他，卻討厭他。

我要說的是，你不是聖人，更不必做超人，不用勉強自己去接近他，這種沒有意義的考驗，還是免了吧！不必因為自己不想再見到此人，而又偷偷譴責自己！不必老是急著拿一些宗教語錄或是聖人格言來批判自己，要討厭就繼續用力討厭她／他吧！只要不讓討厭又變成讓自己困擾的情緒就可以了，人總是有七情六慾，如果常常清楚看見自己的情緒，也可以用適當的方式接受它們，討厭夠了之後，你跟他之間就真正空掉了！

第九章
依賴中的愛戀情仇

「我們必須了解，我們控制別人的手段是在童年時期形成的，那時是為了爭取別人的注意、奪取流向我們的能；但不幸得很，我們從此沉溺在這個惡習中，長大後一而在、再而三地重複這種行為。我管這個現象叫做我們心中無意識的一場『控制戲』。」

——James Redfield《聖境預言書》

人們對依賴有很多誤謬的態度，就如同，很多人喜歡把重視自我並捍衛自我的人當作是毒蛇猛獸，認為他們是壞了一鍋粥的一粒屎，將他們視同於自私自利、枉顧他人的人種。

然而，捍衛自我有錯嗎？他不過是為了維持生命狀態的平衡，為自己盡一點棉薄之力罷了！依賴的人也是，差別在於，他們堅持以某些特定的人事物，作為維持生命平衡與滿足的來源。

依賴的真面目

看清楚依賴的真面目之前，讓我們先想想，什麼樣的人，容易與依賴做好朋友？依賴之於這些人，存在著什麼樣貌的意義？

依賴是某種心理狀態所導致的行動組合，某種心理狀態引發一個人的慾望，促使他想要得到滿足，所以慾望自然驅動人的行為；依賴的初始面貌是一種「要」的欲求，緊接著製造各種「要」的言語與行動，當然也製造了各種來自「要」的情緒。

容易去要，或者說喜歡去跟別人要東要西的人，基本上就是常常覺得自己缺東缺西的人，如果不覺得自己缺乏，怎麼會去要呢？就如同一個女人，常常覺得少一件衣服穿，所以隨時都在物色新的衣飾，總是覺得自己的衣服首飾不夠用。

因此，一個人是不是覺得自己匱乏，不在於他實際上擁有什麼，而是在相對現實之下，他設定了什麼樣的標準來評估自己擁有的多寡，與應該覺得滿足的標準。

簡單說，容易依賴的人，不管他依賴的是人、是物，或是工作，總之，他就是常常覺得自己想要的東西不夠充足，或是根本沒有，同時又認定那個假定的依賴對象，可以為他帶來滿足；假使心理系統內的滿足水位低於預設的界線，警報器就嗶嗶大叫，於是他就去索求更多，或是付出更多，以便解除匱乏的警戒。

一個人對警報聲響的覺察，又可以再分成兩類，一是他聽見了警報聲，也知道警報聲從何處發出？另一種是，他聽到了嗶嗶作響，卻總是不知道警報聲從何而來？每次響起就慌亂得不知所措，胡亂流竄。

前者中有一種情形其實與後者沒有兩樣，他以為自己知道警報來源，其實是誤判目標，或是，不願意承認警報確實的來處，於是假造一個情境，騙自己也騙別人，所以也等於不知道匱乏的來源。

這些人都不知道自己為什麼依賴？又到底依賴什麼？卻總是假裝知道，甚至假裝不依賴，這比什麼都不知道的那種人還要糟糕！他總以為某些行動或是某些東西可以滿足自己，實際上卻只是讓他越陷於泥沼之中，一些沉迷於迷幻藥物的人、酗酒者、購物狂，或是過度壓迫牽制孩子的父母，都是如此。

對愛的渴求，塑造了依賴的慾望與行為，需要愛，並非罪惡，但是對愛的偏頗盼望，形成一個心理機制，制約了人的行為。

依賴行為對依賴者的意義，其實很單純，就是想要餵飽自己，想要有更多的保證，更多被愛的感覺！譬如說有人吃麵包時，故意只咬一口，其餘放在桌上，等著旁人關切地說：「快點吃啊！早餐怎麼沒吃完呢？這樣對身體不好耶！」這個吃麵包的人就會有被關心的感覺，他就會滿足地拿起麵包再咬一口。

如果屢次都得到這種關愛的回饋，將導致此人持續做這類的動作，最後變成他的習慣，吃東西都只吃一半或是咬一口，就不吃了！到最後，不管所在的情境有沒有的人願意給他關愛，他都擺著相同的姿態，痴痴等著有人來關心他。

就如同小狗第一次翻觔斗，就意外獲得主人的讚美與獎勵，之後，每當看到有人來了，就會先翻個觔斗，希望可以得到獎勵的狗餅乾，但是事實總是不如人意，有些人不只不給牠餅乾，還狠狠踹牠一腳，狗狗失落的情緒自然就隨之而起，失落後面又拉出一串憤怒、指責、自憐的情緒，「我表演得這麼辛苦，竟然連一塊餅乾都不給我，你有那麼多，連一點屑屑都捨不得給我，還踢我，真是小氣，沒有同情心……，我真是好可憐啊！嗚嗚……」

你可能會問，這怎麼是依賴呢？依賴是一種要求的動作，而他只是在等待而已。

依賴國度中的要要與給給

所以依賴的深層內涵就顯現了，依賴的整體狀態是一種盼望的心情，恆常等待別人來給我、愛我、關心我，所組成的一套盼望。

每個人因為擁有的條件、個性不同，以及環境中重要他人對於「給」的意願的差異，各自發展出差異頗大的依賴人種。

在各種異質性的依賴人種國度中，大致可以分別出兩個視角，一個方向叫做「要要」，另一方向叫做「給給」，各佔據世界的兩個角落，遙遙相望，也不時對調位置。這兩個視角中，有許多人在忙來忙去，跑來跑去，一下是要要，一下又是給給。

「要要」的眼光是主動大膽的，反正你本來就應該給我，本來就應該對我好，「讓我依賴，是你的生命任務」；給得不夠多，就罵，就發脾氣，像把媽媽當作傭人的孩子，也像某些能幹媽媽養出的超級大丈夫，還有新產品——外籍女傭帶大的孩子。

在「要要」視角中，排在最前面的依賴者是最明顯，也是最直接的，他不刻意隱藏他的索求，要不到，就撒潑，躺在地上翻滾耍賴。

「這個世界只為我而存在」是這種人的生命核心，重男輕女的傳統家庭最常養出這類男性人種。

他們或許從小功課就很棒，長大之後也成就非凡，在外面精明幹練，獨立自主，日理萬機，但是他的成就其實是無數站在「給給」視角的人，給硬撐出來的。如果沒有後宮奴僕替他寬衣解帶，他還不知道如何更衣呢！何況是自己沐浴！耀眼成就的背後有多少污垢，如果別人不幫他刷洗，自己都搞不清楚，也沒有能力自己去刷乾淨！

他如果運氣實在不太好，沒能堆積出耀眼成就，仍舊是依賴撒潑的，常常在家中亂發脾氣，指使太太，命令孩子，喝起酒來不高興就揍人，常常認定家人不聽他指揮就是看不起他、不尊重他，這個家庭的所有一切都應該只為他存在，如果有一點讓他不爽，其他人也別想有好日子過！

但是，不是排在第一名的「要要」，就可能不敢索求得這麼理直氣壯！他們會遮遮掩掩，假裝什麼都不需要，但是常常一不小心故意弄傷自己，砍了這個，斷了那個，哼哼嚎叫，等別人注意到他的時候，他又說：「沒事的，我沒事的！」然後嚎得更大聲了！

有些要要，還可能假裝自己很堅強，很叛逆，很獨特，一副什麼都不要的樣子。像教室中故意不守規矩的孩子，其實只是想引起老師的注意，讓老師稱讚他幾句，不料卻惹來更多厭惡與漠視，或是處罰。

原本只是假裝身上有刺，擺動身體想引人注意，不料別人卻以為他想攻擊，射更多刺來制止他；想引起注意的舉動，卻引來更多刺黏在身上，他假裝是刺蝟，最後，卻變成真正的刺蝟，所有的「給給」看到他，拔腿就跑，落得什麼也要不到。

最後，他能依賴的就僅僅是那些閃著寒光的刺了！

如果此人喜歡站在「給給」視角的最前線，也是依賴的。

他心中一定相信一個真理——「如果我不先給他們我有的，他就不會關心我、愛我，甚至不會多看我一眼，所以也不會給出我想要的」。即使對方給他的東西，都是一些吃剩用剩的餿水廢物，也都一直沒餵飽過他，他仍然很滿足，仍舊對此信念堅信不移。

更重要的是，這些「給給」把給給行動當作是自己的唯一美德，因為這個美德，自己才值得被愛。

至於如何給，端看其能力與可使用的資源有多少而定。

如果是個自認為無才、無德、無錢的女人，她大約就是拼命替人服務，做家事、端茶、倒水，以至於運用撒嬌，或是做個接近專業的傾聽者、安慰者、按摩者，這些都是她依賴別人的手段，努力學習十八般武藝，上才藝課，上心理成長班，參加義工活動，讓自己有賢有德，用她的勞力、溫柔，甚至是知識（用她的高學歷教養子女，幫助丈夫），努力輸出她擁有的，為了只是得到先生、公婆與孩子的讚美與肯定，更重要的是得到現在以及未來的依靠。

她所熱中的自我發展或說是自我成長，只是為了討好身邊的重要他人，她常常自認為對回饋的要求不多，心裡偷偷想的卻是，「只要他們不嫌棄我，不要離開我，就可以了！」或者她會大聲地告訴旁人，「只要看到所愛的人幸福，我就心滿意足了！」

然而，這些都只是自以為的假像而已，她可不是這麼容易滿足的人，事實上她心裡面要的可多著呢！

給，是為了要到依賴

所以立於「給給」視角的人，慣常呈現的一種拋繩索的姿態，像徒手攀岩者常使用的一種攀岩工具，一端有金屬勾的繩索，當徒手爬不上去時，就會先拋出繩索，掛住目標物週遭的縫隙，藉由繩索，向上攀至目的地；他們都會先給出自己最珍貴的，或是最重視的擁有，以掛住對方，進而獲得依賴對方的機會。

如果是男人，又擁有傲人的成就及財富，名位與金錢就是最方便又耀眼的現成掛勾，他炫耀地用傲人資源，去勾住想獲得的關係，但是他的姿態一定讓你很難看出他內在的強烈渴求。

當他送一枚鑽戒給理想中的情婦，其實正是在拋繩索掛住此女，希望就此建立連結，希冀此女人或許會因為這個鑽戒，願意沿著此繩索自動爬過來，他通常不會強烈顯現想爬過去的姿態，實則卻已經用鑽戒作為繩索掛住此女，爬到此女身邊了。

雙手插腰、鼻孔略為朝天的獨立之姿是他們的慣常姿態，眼角卻偷偷泛著強烈的渴求。

對於這種人，他的「給」就是一種「要」，他要這個女人沿著物質織成的繩索（他的給）爬過來，他要這個女人給他肯定，更需要女人替他背書，以此證明自己是一個有魅力的男人，而他也總是依賴著「我是個有成就又有魅力的男人」這樣的肯定。一個有成就的男人，怎能沒有女人作為褲頭上的裝飾品呢？

這種「給給」其實都是對別人是不是喜歡自己，抱著懷疑的態度，不相信別人會無條件喜歡他，不相信自己值得別人無條件地愛他，所以也就不相信別人願意在無任何條件交換之下，給予他所欠缺的生存需求。於是，他堅信除非我先給出點什麼重要的東西，或是我先擁有了什麼條件，否則根本沒有資格去得到所渴求的愛。

這些認知可能因為以前被拒絕的經驗太過強烈，即使他現在已經不是當時被拒的小男孩或是小女孩，在成長過程中，被拒絕後的感受與反應卻已經逐漸形成一種習慣性的心理與行為模式。

或者，此人是在條件式的教養之下長大，他的父母、家人是愛他的，卻是充滿預設的條件，「如果你有……，媽媽才愛你！」，「你考第一名，才是我的好孩子！」，「不聽話，成績不好，就給我滾出去！」

成長過程中的種種，都讓他深信，「如果我有好成績，才值得被愛！」、「我一定要先付出……，先做出什麼……，才有人會愛我！」一個人總是必須先給出了什麼，才值得用這些行為與努力，去交換所需要的愛。

於是，終其一生都堅信著，愛是各種的條件交換所組合成的，愛不可能只是愛本身。

因此，即使他現在已經是個有成就有社會地位的大人了，仍舊不能夠直接去表露他的情感欲求，總是必須努力將真正的自己遮得密不透風，只敢表露出自認為別人可能接納的表徵性行為，只敢透露一點自認為不可能被排拒、批評的情感與情緒，簡單說就是只敢表現出具有所謂充分條件，能夠交換到愛及讚許的特質；特別是在親密關係上，他仍舊不敢相信，自身的存在就具有殊勝的意義與價值，不敢相信即使一無所有，自己仍舊是一個值得被愛的人。

用條件換來的愛，將隨著條件不再而逝去

他迫使自己終其一生都在不停地賺取並累積自己值得被愛的條件，終其一生都不能停止挑戰自己的極限，無法控制自己不用裸露的雙手，用力挖掘潛藏在生命底層的最有價值條件，以用來交換生存所需的關愛。

他恐懼一旦那些條件喪失，或是無法繼續掘出被別人認可的寶藏，他所愛的人都將離他遠去，甚至他深信，這些人都是因為他擁有的這些條件才要愛他，因為他的財產、名位才會愛他，從來都不認為這些人是真正衷心地喜歡他，於是，在享受這些愛慕的同時，對這些似乎愛他的人又有許多不屑情緒，他內在的虛弱與無自信，又讓他在這些人面前擺出一付傲慢的姿態。

他們給得通常都不外乎是，自認為最好的、最重要的東西，像是鈔票、珠寶、很貴的禮盒、一千零一朵玫瑰、吃豪華大餐等等，這些給，都包裝著某種傲慢，炫耀著自己擁有的條件，像是外面寫著愛的包裹，裡面卻是空的，因為他的情感袋子總是空著，所以給的都是空空的假愛。

傲慢，之於他是一種必須的支撐姿態，傲慢支撐著他的自卑，支撐著相信沒有人願意無條件愛他的信念，這個虛假又傷人的信念。

或許某人是真心愛他，他也是真心喜歡對方，對愛的誤謬詮釋卻污染了原本的關係，也污染

了對方送來的情感禮物。

覺得自己不值得去要，不敢去要，但是他還是餓啊！還是想要啊！還是需要別人的愛與關切，為了讓對方願意給，以為自己應該先給，以他的給予，主動建立與人的連結，先拋一條繩過去，他心裡想：「如果常常給他東西，他自然會願意跟我要好囉！」

常常在自家門前餵鳥，小鳥們就會自動來找吃的。然而，如果這隻鳥只認得食物，從不認餵食物的人，有一天小鳥來了，卻沒得吃，撲空幾次之後，就不太可能再來了！以這種姿態招來的愛，可能都是為了某種目的而來，一旦少了某些條件，愛也就跟著遷移他處覓食去了。

這樣的給予是否能傳遞感情素質？是否能回收到感情滋養呢？

弔詭的是，因為此種「給給」有本事給超有價的東西，所以別人都不認為他在索求，以為他是個被依賴者，反而是用勞力的「給給」，常被認為是個需索者，被視為是貪得無饜的依賴者！

一個人不可能永遠只站在「給給」視角，或是只站在「要要」視角，成長過程中，所接受的規則與發生的事件，讓一個人在不同的情境會自動轉換給與要的視角與位置。

假設所有的索求都可以被滿足，依賴的關係，於是呈現一種幸福美滿、相互滿意的狀態，反正一個願打，一個願挨，一個喜歡要，一個喜歡給。

然而，人總是貪得無饜的，總是越來越不容易滿足，滿足門閥隨著滿足次數而逐次提高，終至需索無度；所以，原本單純的依賴關係，就會漸漸演變成掌控與掠奪的戲碼。

依賴與獨立

在字面上，與依賴相反的意義是，獨立。

一個什麼慾望都先反求於己的人，可以說是獨立的人，寂寞了不急著找人陪，願意與自己深刻交往，他就可能是個感情獨立的人，也是個情緒上比較成熟的人；情感不獨立的人，常常將情感匱乏的需索，化約成物質的需要，以及對某人的需要，也常怪罪於人。

此類的依賴人種，不管呈現出的樣貌是柔弱得不禁一絲風，還是強悍如拳王，仍舊是依賴、不獨立，並且具掌控意圖。

倘若反求諸己的出發點是，任何人本來就應該為自己負責，每個人本來就有能力愛自己，此時的獨立就是實然的。

然而，如果促使他獨立的驅動程式是，「反正沒人會愛我」於是自怨自艾地孤寂過日子，他的獨立是自我撤退的，不是真的獨立，內在仍舊壓制著強烈的依賴與需索的需求，他不過是無能地用冷漠偽裝自己，自我了斷與他人的臍帶而已。

他最後總是不能給，也不願給，斂聚越多才有安全感，別人要從他身上分一點點，都是不可能，他當然也不會去要，一貫地自我生產自給自足，所以他總是遠遠地站在「給給」與「要要」的視角之外。

你或許會問，我們是不是都不能去「要」呢？是不是去索求都是錯誤的，都會造成掌控？

任何的要與給的需求，都是正常的，也都具有正當性，人與人的關係就是建立在這些「要要」與「給給」拋出的繩索之上。如果每個人都不去要，也不去給，世界會變成什麼樣呢？我們將看到一幅孤絕的圖像。

要與給都沒有錯，有問題是拋出繩索的心念與方法。而，心念深深影響著所使用的方法。

不依賴者的依賴

一個不依賴的人，也有與人建立親密關係的需要，他也會喜歡別人，對身邊的人示好，也希望某些人對他友善，但是他的匱乏渴求，卻沒有依賴者那般強烈迫人，也不把生命所有存在的意義都寄託在某幾個特定的人事物身上，更不認為只有某個人可以滿足自己。

因此，當被拒絕的時候，有能力與意願反求諸己，更重要的是，能夠理解並接受別人拒絕的立場與理由，不會覺得別人是因為不愛他、不喜歡他，甚至是惡意，才拒絕他，自尊心幾乎不容易在被拒絕經驗中受傷，被拒絕所引發的情緒也不至於傷人又傷己。

不強烈依賴他者的人，不使用激烈、偏差的手段去索求，驅動方法的心念，不是強烈地認定某人應該要給，或是某人給的，他才要；依賴者，則慣常無所不用其極地設計各種行動，對特定的人，積極索求，盡力掌控，以保障自己想得到的，如果是設定之外的人要給他，他反而毫不留戀地拒絕。

舉一個簡單的例子，一個父親，如果認為孩子是他的財產，是隸屬於他，他所執行的給與要行動，一定與一個認為子女是獨立自主個體的父親，有顯著的不同。

前者的給與要，像一座監牢；後者的給與要，則像是吹送孩子的和風，送他們去自在飛翔；前者關係是依賴的，也一定是掌控的，或許也相當親密，但是只在子女沒有反抗，父親也都滿意其表現的前提下，或是互得其利的情境下，有著表面的和諧。

不意圖掌控子女的父親，其親子關係卻一定是親密的，但不依賴，也不可能流至掌控地步，他們互相不羈絆，各自有一片天地，這種父親不會執著地要求孩子達到他預定的期望，也不會堅決要求孩子努力光宗耀祖、繼承衣缽，連結關係的是實質的愛與真正的情感互動。

依賴來自恐懼

依賴只是一種行為與心念，如何能產生情緒？這跟情緒三角形有關。

情緒三角形由恐懼、需求與比較所構成，三方各據一角，相互拉拒，拉出中間的三角地帶。依賴也來自恐懼感，怕孤絕過日子，怕沒有人愛，又相信沒有很多條件值得別人愛他，恐懼又滋生需求與慾望，需求與慾望又必須不斷藉著比較，來確認自己擁有的到底夠不夠？

「我到底該不該就此滿足？」、「他對我夠不夠好呢？」、「他這樣對我，到底有多愛我？」、「我到底值不值得被愛？」

比較之後，假若得到令人滿意的結果，幸福與安全感也持續不了幾天，很快又開始害怕這種幸福不能持續，害怕對方的給，產生變化。因此，不論比較之後的結果如何，一定又會促發新的需求與新的恐懼。

依賴，於是像一匹狼，在這三個頂點之間，不自主地跳著舞，情緒就在這個不能自制的舞步中氾濫而出。

狼肚子餓的時候，一定要覓食，當狼出來覓食，難免有動物陣亡！

好惜在嬴宇往生之後，自動提著她的包袱，搬去跟湘勇與澄心同住，事先並沒有徵求夫妻倆的同意；對好惜來說，跟兒子住是天經地義的事情，更何況房子的頭款還是她付的，媳婦沒有立場拒絕她。

澄心與湘勇交往三年，才第一次見到他的家人，之前，湘勇都想盡藉口不帶澄心去他家，澄心以為是尚未論及婚嫁，互相還沒有承諾的關係。

湘勇比澄心大五歲，還算體貼，在生活上有時顯得迷糊依賴。追求她的時候表現地很體貼，感情穩定之後，換成澄心在照顧他。澄心也不以為意，大概男人都是這樣，對生活細節不太在意，也不會照顧別人。澄心覺得湘勇基本上還算有責任感，只是在感情態度上，有時顯得稚氣，活像個青少年；不過談戀愛時，這些稚氣反而是有趣的調劑，讓澄心覺得湘勇有童心，很真誠，更不像有些情場老手會玩騙女人的花樣，這讓澄心多了些許安全感。

第一次去拜訪湘勇的父母，澄心發現，湘勇在家裡的模樣，差不多倒退成十幾歲大的男孩。媽媽噓寒問暖，幫他夾菜，甚至叮嚀他喝湯不要燙到！餐桌上還有他的兩個姊姊，與父親，可是這些人在好惜眼中好像都不存在似的，他們只是自顧著吃自己的飯，湘勇是舞台的焦點，他想說話的時候，不管其他人是否在說話，逕自就說了起來，其他人趕快垂首閉嘴，媽媽就馬上呼應他的話。

澄心覺得很困惑，但是二十歲出頭的她，還看不出什麼苗頭，也不知道這些顯示了什麼意義？好惜剛開始也算對她客氣，所以她也沒有對這些有點奇怪的感覺，作深入的探究。

從那天開始，好惜就介入他們的愛情，要說她像什麼呢？像什麼都可以，總之是再也揮之不去。澄心與湘勇開始因為好惜而爭吵，特別是論及婚嫁的時候。

好惜總是選湘勇不在場，只有她們兩人的時候，對澄心說一些類似貶低、教訓的話，這些話都沒有見證人，而且都是很隱約，殺人彷彿不見血，澄心聽了這些話都很難去應對與辯解，卻深深有一種受辱的感覺。

好惜在市場賣豬肉三十年，練就一身比美卡內基訓練的好口才。

從好惜的角度來看，其實就是想在每一個機會中，征服這個年輕的女子，除了她本能地忌妒澄心分享了她最心愛的兒子，她也想藉由征服這個未來可能成為媳婦的女人，來證明自己的價值。

在過去樣樣都不能讓她滿意的歲月中，向外征服，用征服替代索求，一直是她成就感的最大來源，也藉著征服去填補安全感的黑洞。

用征服滿足，依賴的需求

好惜強烈依賴著征服別人的快感而存活著。

長期對一個人的征服，就是操弄，就是掌控，卻也相對強化這種依賴征服的傾向，好惜在所有日常生活的行動中，都滲入征服的意圖，包括對來買肉的顧客，不過對顧客的征服慾望是以服務來呈現，所以頗受好評。

起初，澄心並沒有對湘勇轉述好惜的話，但是澄心越來越困惑，她不清楚，好惜對她到底是友善？還是敵意？

在眾人前總是親切的，在企圖征服、貶低她的時候也是露著笑臉，可是那些好意與笑臉卻讓澄心覺得，好惜正在無聲無息地否定她的一切，包括她的父母、家庭、工作，一切的一切，澄心直覺地感覺到，如果接受好惜送來的笑臉，就等於舉起白旗，追隨好惜否定了原來的澄心。

她也疑惑著，是否完全將原來的澄心，替換成好惜預設的模樣之後，好惜才會停止這些動作，是不是她終必放棄自己，好惜才會歡喜接受她？

澄心問自己，「如果我真的為了跟湘勇結婚，為了讓這個未來的婆婆接受我，而徹底改變自己、放棄原來的自己，我在這個婚姻中會幸福快樂嗎？」

她沒辦法回答自己，澄心在想像中模擬著未來的情景，看見自己好像變成某個八點檔連續劇中的女主角，終其一生都被當作是一支鐵杵，被婆家的人馬，奮力地磨著，終於鐵杵被磨成閃著微光的繡花針，獲得親族的讚美與肯定！

好惜隱約又強烈地，給澄心兩個選擇，「如果乖乖走進我替你做好的軀殼與面具中，受我的操控，我就會給你好日子過，我就會對待你如同對待我兒子一樣；如果你敬酒不吃，吃罰酒，嫁進門之後，就沒好日子過！」

很多媳婦在剛嫁入婆家時，都聽過類似的箴言，只是這些話都包裝得既莊嚴又仁慈，更是充斥著不可違逆的倫理道德。

更可怕的是，這些出自好惜的威脅，都包裝在多年的生意笑臉之下。大家都以為好惜對澄心很友善，好惜甚至讓湘勇認為，這個媽媽很疼愛澄心的！

年輕的澄心對這些訊息的認知很模糊，直覺卻很清晰告訴她，事情不是那麼單純。澄心開始去向湘勇求證，想確認他媽媽說話的意思，湘勇每次都在替好惜再造語意，甚至反過來，說是澄心自己心裡有問題，說她小心眼，扭曲他媽媽的話。

在一次爭吵中，澄心幾乎是決定要分手了！這樣的感情根本談不下去，更別說是結婚，澄心對未來的婚姻充滿焦慮不安。

問題的焦點似乎都集中在好惜身上，此時，澄心還沒有發現湘勇的未斷奶傾向。

被要求分手的湘勇痛不欲生，好惜本來暗地拍案叫好，卻因為太在乎兒子，竟然自己打電話去請澄心來看湘勇，又說了一些似乎是道歉的話。

好惜對兒子的依賴已經到無所不在，兒子等於是生命意義的來源，依賴差不多等於依戀了！她也驚覺到這個女孩在兒子心中的重要性，好惜的心理由企圖征服澄心，轉變成將自己與澄心並列，開始在湘勇面前，與澄心較勁，比賽誰對湘勇比較好，誰比較愛他，她以為如果比贏了，湘勇還是會比較愛她。

這些轉變的內涵，澄心也沒發現，只覺得好惜更殷勤，負面的言語也暫時減少了。湘勇以為戰事已經結束，有兩個女人這麼愛他，真是幸福極了！

於是，湘勇又再次對澄心提出結婚的要求。

為什麼說是「要求」，這是湘勇慣性的互動模式，好惜對湘勇的依賴，也讓湘勇成為一個依賴的人，從小就只會要求，不知道如何與他人協商，也不能感覺到別人的需求，更拙於付出，對依賴上癮者，都是慣於伸手向人。

不經世事的澄心依舊沒發現有什麼不同，反正就是求婚嘛！

她答應了，但是有兩個條件，結婚的所有花費不動好惜一毛錢，這樣她就比較沒有合法性介入婚事的張羅，可減少事端；第二，婚後不跟公婆住在一起，但是可以住在婆家附近。

這樣掀起第二波的風暴，好惜幾乎抓狂，但是兒子湘勇這次很堅持，理由是父母都還很硬朗，不需要天天照顧，以後需要他們照顧時，一定不會規避責任。

湘勇說：「我們需要有自己的空間，好好經營婚姻！」

婆婆與媳婦的拔河比賽

跟過去一樣，每當湘勇堅持要求的時候，好惜就會投降，她害怕兒子不要她，恐懼失去唯一的依靠。

但是，心中卻是極不甘願，與媳婦較勁的力道與花樣也更加有料！拔河比賽正式開鑼！

在好惜沒搬來同住之前，湘勇對他的婚姻滿意極了，他自由了，雖然喜歡媽媽的疼愛，但是也渴望有機會做一個真正的男人，澄心有時像個傳統的女人，悉心照顧他，也像個朋友，不喜歡互相約束。

不過偶發的衝突還是有的，仍舊是跟媽媽有關。

好惜要求他們每天回家吃晚飯，好意是說，兩個人不好煮，實則進行對兒子與媳婦的監控，每天都要知道湘勇與澄心何時回家？去哪裡？湘勇出差，就叮囑著澄心必須回來跟她睡，或是自動跑去住在兒子家。

雖然有這麼多婆婆主演的插曲，夫妻倆人的感情還是有正向的發展。湘勇仍舊是個依賴的大男人，只是依賴的對象漸漸轉至澄心身上，他們也有了孩子。

好惜出乎意料的，不願幫他們帶孩子，她說：「我事情那麼多，不想被綁住！」其實她不是不願意，只是終於等到機會讓澄心向她低頭，要澄心來求她，如此，澄心就欠她一份情。

她擺著一副胸前插手的姿態，等著人家爬過來，心裡想：「今天總算要來靠我了吧！這下我就可以重拾對你們的掌控大權！」

在她等待魚兒上勾的時候，湘勇與澄心卻決定請專業褓母來帶小寶寶；好惜覺得又被澄心打敗！心情之鬱卒，難以描述！

不過，夫妻倆人精心經營出的甜蜜，最後因為嬴宇往生而告終結。

好惜在葬禮過後，就自動搬進來同住，因為她已經是孤家寡人，湘勇理應奉養母親。等了五年，終於讓好惜等到這一天，更讓她得意的是，她身體硬朗得很，不需要人家照顧，所以有充分的戰鬥本錢！

第一天，等小倆口去上班，她就開始大掃除，連澄心衣櫥中的性感內衣都翻出來重新洗過！

澄心那天先下班，提著一盒烤鴨，抱著孩子回到家時，差點沒休克！整個家乾淨得不像話，連家具都換了位置。而，勤勞的婆婆正在廚房煮晚飯，她打過招呼，進入房間後，發現臥室中的一切都被翻動過，整個人都虛脫了，她知道事情不妙了！

湘勇家過去在餐桌上的情景，原封不動地隨著婆婆搬了過來。先生滴了一滴湯在桌上，她就馬上拿抹布去擦，如果澄心弄髒的桌子，好惜馬上會用笑臉嘲諷責罵，對著小寶寶說：「你看，你媽媽跟你一樣，喝湯喝得滿桌子！」

以往他們習慣在餐桌上談談今天公司發生的事情，批評時事新聞，好惜一聽，就開始長篇大論教訓他們做人處世的大道理，連說個笑話都變成是做人道理的批判大會。

澄心有種錯覺，是住到孤兒院了？還是她的巢被佔了？

好惜搬進來這件事，澄心與湘勇有著不同的視覺，澄心發現竟然在自己一手建立的家中，被排除出境；湘勇則有種錯覺，時光倒置，又回到童年。

其實湘勇也是不願意的，結婚五年來，他漸漸明白，如果讓媽媽搬來同住，這個婚姻可能會不保！湘勇發現媽媽搬進來之後，他好不容易在婚姻中成長的部分，又被硬生生地壓回去了！

五年沒有跟媽媽同住的生活，讓他對自己的生命有不同的覺察，但是與媽媽的連結太強了，他無法抗拒她的介入與所謂的疼愛，也無法不去依賴這個老媽媽。老實說，日常生活中的一切，跟她索求，比跟老婆要容易得多，家務也可以厚著臉皮不用分擔，媽媽會做勢要幫他做，實則要媳婦接手。

澄心剛開始不願生事端，於是接手了，卻非常不悅，這種事情多了，夫妻間的冷戰就發生。

因為媽媽在，以前可以隨時溝通的問題，現在都不能即時溝通，等到就寢時間，就已然錯過了討論的好時機，大家也都累得不想說了！肚子裡的氣，卻越積越多。

有時候，夫妻倆在房間講話大聲一點，婆婆又會自動開門進來，問：「怎麼了啊？」如果鎖住門不與回應，她就會鍥而不捨地努力地敲門，於是關起門來吵架也有壓力，架也不吵了！

三個人之間的情緒垃圾越堆越多，多到互相看不到對方，最沒有自知之明的就屬好惜了！她到處去說，自己是個多麼好的婆婆，幫媳婦做了多少家事，幫多少忙！晚上還幫他們蓋被子呢！

澄心滿肚子的淚水，不知道要流到哪裡？湘勇也有莫名的鬱卒，連性生活都受到嚴重影響！只是，對湘勇而言，這不過是重溫舊事，他已經接受這種照顧三十多年，澄心卻是初入此門。

以愛為名，入侵他人

依賴的慾望，讓好惜以愛為名，隨意侵入別人的界線，造成別人的痛苦。

痛苦的日子與幸福的日子都走在相同的時光步道上，只是留下的刻痕有著極大的差異。澄心在這種生活中，又過了近五年，這五年來身心承受極大的壓抑與煎熬，病痛不斷，不知道多久沒有笑過了！

夫妻倆已經不多說話了，原本甜蜜的愛情，被好惜的愛趕走了！如果不是因為兒子堯堯，澄心每天根本沒有走回家的勇氣，夜晚臥室中的冷漠，更讓澄心害怕！

要要與給給

心中有個山洞
住了一匹小狼　叫做要要
小狼餓了就要
蹲在洞口　總有人給牠
牠知道總有人會給　敢要就會飽
長大了　蹲著　要著
世界就是山洞
世界就是教牠如何要的那些給給

山中有個心洞
也住著一匹小狼　叫做給給
小狼餓了也去要　蹲在洞口
總沒有人給牠
牠於是學會先給　能給才不會餓死
長大了　蹲著 給著　世界就是心洞
世界就是那群永遠餵不飽的要要

實作練習——喚醒心中那匹狼

依賴，起初像個鬧劇，最後卻可能成就一齣悲劇。

一個三歲的小孩，想要媽媽抱抱，媽媽拒絕了，說他已經長大，應該自己走路，他可能會開始作出可愛逗趣的模樣，惹媽媽笑，媽媽笑著，卻不為所動，他就開始撒潑、胡鬧，接著以大聲哭鬧作為終極手段。

若把其中角色放大，置入成人的關係中，將可清楚看到一場依賴劇的搬演，確實可能由一場可笑的鬧劇，演成令人遺憾的悲劇。

依賴中有一個嚴重的迷思，就是「依賴等於愛」！

「你老公這麼依賴你，他沒有你就慘了！你真幸福！他一定很愛你！」

「女朋友這麼黏你，你真是艷福不淺！」

人們常將某人對他者的依賴，等同於某人對他者的深厚的愛或是友誼，所以形成一種邏輯，「某人如果很依賴我，表示他很愛我，表示我很幸福！」所以在幸福中的我們，絕對不能去拒絕像這般寄生在依賴中的「幸福」。

是啊！依賴中當然有愛，可是這種愛如果成分過度濃重，一定將關係染上沉重的顏色，將肩膀壓垂了！背漸漸駝了！如果吃得太多，還可能噎著！對於那個付出的人也是個沉重的擔子！

難道，愛只能以這種樣貌給出去嗎？

恆久美好的愛，可以是緊密連結，又不互相推擠壓迫的！你相信嗎？

或許你還是認為依賴與被依賴的感覺很美好，沒有動機想解除依賴，那表示你的依賴，可能尚未演變成互相傷害的掌控關係，也可能你還不想面對現實。

如果是自己或是朋友屬於上述這些情況，也請尊重自己與朋友對所處情境的詮釋，只需要隨時對自己保持覺察，並對朋友傳遞支持與尊重的訊息即可。

如果在某些關係中覺察到不舒服的感覺，卻又不知道自己為什麼不愉快，就應該主動去查出製造負面情緒的根源。

所有情緒的魔咒必須先被喚醒，才可能解除，才可能開始與情緒建立良好關係，依賴魔咒也應該被一一喚醒。

一定要試著將閱讀所獲得的知識，轉化為行動，在行動的歷練中，知識將會成為你所擁有的智慧，此時的智慧是你自己創造出的，誰也拿不走，那是你最可貴的貼身資產，不會因為股市狂跌、經濟不景氣而稍有短少！

不是紮根於依賴的關係，沒有抱怨與苛求，沒有太多應該與不應該，互相都不把對方視為生命中最重要的人，也不認為自己是對方最重要的人。

如果是如此，當為他付出愛的時候，並非全然為了要他以他的愛或是其他所有，來回報我，當他關愛我，為我付出的時候，我也不會視之為理所當然，反而將珍視領受，這是一種互為主體的美好關係。

喚醒依賴的功課如下：

是否役於物？喚醒對物的依賴。

物的依賴比較容易察覺，所以先從物的依賴下手。

我把物的依賴分為三類——可用錢買到的東西、動產與不動產、工作與名位。

第一類是錢可買到的東西，包括衣服、化妝品、香水、首飾、名牌鋼筆與皮件、酷炫手機等流行之物。你是否覺得自己不如此裝扮，就沒有自信站在人前？以為別人就會不喜歡你？不看中你？甚至看不到你的存在？

上述這些的認知，從你的生命意義切入，它們象徵什麼？透露什麼內在訊息？

請問問自己，是不是常常以一襲流行服飾、精緻的化妝髮型，來定義自己的價值？你也深信，別人也是以你所堆砌的皮相來定義你的價值？你是不是沒擦香水，就渾身不對勁，甚至無法出門見人？如果沒拿出一支或多支名牌的鋼筆，你就沒有足夠的信心去跟客戶談生意簽訂單？

請一定要相信，除了堆砌出來的表象，人生下來就俱足完好的價值與意義，我們應該做的，只是維持我們生來就被賦予的美好，一再地肯定自己，不要讓自己的珍貴本質被污濁惡世所磨滅。

請你拿出紙與筆，寫下自己的優點與價值，你今天除了髮型完美，除了買到一個名錶之外，還有什麼事情讓你覺得有意義？讓你覺得快樂？你今天做了什麼事情，讓你覺得自己是個有價值的人？

試著深入去觀想，如果沒有對這些物質的依賴，你的生活將變成什麼模樣？你的生活會更糟嗎？會發生危機嗎？原本用於添購衣物裝備的金錢，還可以做些什麼？多出來的時間，可以去做些什麼？

請勇敢地試著去做一些斷滅依賴的功夫，先嘗試性地捨棄某些對物質的依賴，嘗試之後，看看自己的情緒與過去有何差異？

觀察自己在斷滅某些物慾的依賴後，生活有什麼變化？並且，觀察朋友、同事、客戶，對你的改變，有什麼樣的反應？

他們可能反應強烈，可能給你讚美，也可能給你負面的評價，或者根本無視於你的改變，從這些反應中，可以看出此人對你的認知，也映照出此人對自我的意義觀點與對生命的價值觀。

接著，請試著進一步，從他們的反應中去觀照、描繪他們眼中的你是什麼模樣？再來，想像你平常所展現的自己，跟別人眼中的自己有多大的差距？別人眼中的你與你自己所期待的理想形象之間，存在著多大的差距？

第二類是關於動產與不動產，有些人生活樸實，一毛不拔，一心只在斂聚財產，那是他安全感的唯一來源。

有些人，明明剛結婚，經濟基礎不穩，偏偏一定要買房子，以為這樣才有安全感，認定婚姻基礎只是來自有沒有房子與車子，堅信有了房與車，就會有安全幸福的婚姻。

孰知貸款壓力龐大，日日捉襟見肘，生活品質大不如婚前生活，於是就開始為了那些一元三角，屢屢造成夫妻口角，原本可以永遠幸福美滿的婚姻，因為對房子的依賴假想而磨損消逝！

想要讓一個人斷滅對金錢與財產的依賴，確實比較難，所以才會有人玩股票玩到去跳樓。

其實，只要老實問自己，這些斂聚是否真正能讓你得到快樂與滿足？每次的滿足能持續多久？滿足結束後是否更焦慮？到底是什麼可以幫助一個人獲得幸福？相信你一定會找到答案！

當你沒有一千萬的時候，堅信有了一千萬就可以傲視人間，同時也深信擁有了最殊勝的幸福，但是，你有沒有想過，當極力去聚集這些金錢以證明自己的能力與價值的時候，你又失去了什麼？

如果你深信自己有能力賺這一千萬，你也認為這一千萬象徵著某種不凡的意義，是否願意將此意義連結到自己身上，相信自己早就擁有相當於此一千萬的能力與價值，不然你怎麼有能力賺得這些錢？關於一個人的實際價值，一定高過鈔票疊成的一千萬。

倘若你本來就擁有賺到一千萬的能力與價值，有必要花費多年精力與時間，用聚集一千萬去證明自己的價值嗎？

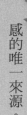

如果你不能相信自己具有如此殊勝的價值，可能也不敢義無反顧地去賺這一千萬；假若你無法肯定自己的能力與價值，即使當辛苦又幸運地賺得一千萬，你就真能永遠肯定自己嗎？你是不是必須再去蒐集第二個一千萬，第三個一千萬，去不斷宣示與證明自己是有用的，有價值的？

親愛的朋友，你讀得出這些依賴邏輯的迷思嗎？

第三類——工作與名位的依賴，與前兩項類似，但是更接近對人的依賴。

工作可以讓人獲得成就感與名位感，這會讓一個人對自身的存在，因為有名片、薪水、個人辦公室，而有著實質的感受，如同動產與不動產一樣，證明一個人的存在與價值。

當一個人總是依賴收入的多寡，來證明自己的價值，自然乘著這股依賴的情緒驅力，拼命想往上爬，想賺更多的錢，以證明自己的價值，依舊有上揚的可能性，錢多了，自然想要有更耀眼的頭銜，於是就開始找一些頭銜給自己戴上。

然後，你這個人的實質存在，不再是因你的本體而存在，而是因你的工作而存在，因你的頭銜而存在，你變成工作與頭銜的奴隸！生命中其他的部分，都相對失去了價值，你自己與生就具有的價值都被自己給徹底抹煞了！當你有一天不能再工作了，或是沒有工作了，所有的生命意義是不是也隨之消逝？

你是不是依舊不眠不休地工作，讓孩子差一點忘記有這個父親，或是母親？你是不是常常在妻兒或是父母抱怨你過度投入工作的時候，用憤怒或是討好來掩飾心虛，大聲又哀怨地說，你辛苦工作還不是為了他們！「我在外面想到你們，什麼辛苦都忘記了！我是為了讓你們更幸福才這麼拚命的！」

請誠實觀照，這些話中有多少弔詭？有多少矯飾的謊言？如果你不如此工作，難道他們就不可能幸福嗎？還是你多挪出一點生命與他們分享，一家人才能感覺到幸福？

你亡命工作，是為了填補自己對成就慾望的依賴黑洞？

當他們需要你在身邊時，一家人可以安心溫暖地與你依偎在一起，這樣的幸福景象難道不能讓你深深依戀嗎？

想想看你的時間都分配到哪裡去了？工作佔多少？與父母的互動佔多少？與配偶的溝通佔多少？與孩子玩耍佔多少？分擔家務佔多少時間？純粹休閒佔多少？畫一圓，把比例都填上去，自己仔細研究研究。

若發現工作的時間版圖佔很大的面積，那表示你非常依賴工作來滿足你的成就慾望與生命需求，請你想想，你對成就慾望的依賴，又是誰在支撐的？是不是辛苦的父母？是不是獨立照顧孩子，又要工作又要持家的妻子？是不是一個月說不上幾句話的孩子？

最後請你問自己，你的依賴，是否造成生命的嚴重傾斜？是否形成家人的負擔？這樣對他們公平嗎？

役於人，喚醒對人的依賴。

嚴重的依賴關係中，自我不是過於巨大，就是渺小得近乎無形！對人深刻依賴者，都會掉入此一泥沼中。巨大與渺小，都是對依賴的執著，自覺或是不自覺地，以為依賴別人才能存活。

請先回答以下幾個問題：

你最依賴的人是誰？

你最愛的人是誰？

你最厭倦的人是誰？

你最依戀的人是誰？

誰是你生命中最重要的人？

你生命中最有價值的是什麼？

將此六個問題的答案並列，類似或是相同的答案歸為一組，接著，將答案與題目並列，去比對，並思考，為什麼這些不同的題目，會讓你回答了相同的答案？又為什麼讓你回答了不同的答案？

如果你以為，自己已經想清楚了，就去找一個人，談一談你做這個作業的心得，請他給你回饋。

結束談話後，一定要針對此人給你的回饋，做一個全面觀照！

記住！做足了功課，你的智慧自然來叩門！

第十章

憂鬱，離枝花

「當你開始爬樹時，有什麼感覺？」

「我覺得非常沉重，好像我有一噸這麼重，為什麼會這樣？」

「因為你背負著生活中一些沒有了結重量。」

「沒有了結的生活？」

「是的，在你的一生中所想的每一個念頭都有自己的生命，也有活下去的意願。這在你的念頭沒有了結時，尤其明顯。想法就像人一樣，他必須被好好安葬。如果有一個念頭是負面的或是沒有了結，他就會纏繞著你，要你把他想清楚，然後以正確的方式把他埋葬。當你的念頭相互衝突又不清楚時，你就會創造出各式各樣的念頭形式，他們都會吞食你的能量。為什麼不呢？雖然說起來奇怪，你卻是他們的母親。」

——Lynn V. Andrews《豹女》

憂鬱來自濃密雲霧一樣的渾沌，裡面混雜著沮喪、忌妒、厭惡、憤怒、恐懼、不甘心與恨，但是憂鬱的主人都看不到這些情緒，聽不到這些情緒的吶喊，他以為自己所懷抱的，是另外一種不知名的召喚，他唯一可以清楚掌握的就是，不知道自己的生命到底泡在什麼東西裡面！

因此，憂鬱最核心元素是「為什麼」，找不到答案的為什麼，無數個為什麼，製造了密佈的烏雲，一群群原本應該飛向南方的候鳥，於是困在佈滿煙霧的沼澤上，盤旋不已。

否定是憂鬱的種子

話說澄心日日面對婆婆好惜的入侵掠奪。說是掠奪，好惜可不這麼認為，她堅信自己是最好的婆婆，「我們以前，哪這麼好命，哪有婆婆幫媳婦做家事的！」

但是被掠奪感是以澄心為主觀角度，澄心是這個情緒的主體。

任何情緒都應該以當事者的主觀感受為核心，你不是她，所以無資格去否定、裁決、或是決定她的感覺。就如同好惜對自己的論斷，我們也不能說是錯的，只是雙方觀看情境的視角不同。

好惜對自己的肯定，加強了澄心對自己的否定，婆婆對她表面上是沒什麼可以名狀的惡意，但是自從婆婆來了以後，為這個家所作的一切，都讓澄心覺得被困住了！被困住的感覺，醞釀出氾濫的憂鬱。

憂鬱的種子，來自被否定，驅動否定程式者，包括自己與別人。

如果雙方，或是有一方，堅持自己才是唯一的主體、唯一的正確，相對的另一方就被認為是錯的，他就處於被否定的狀態。

當一個人被否定，自然想翻身辯解；如果因情境位階的僵化，譬如男女在家庭中的角色位階，以及所謂的長幼有序的化約之下，辯解總是不為對方接受，或是根本沒有機會為自己辯白。在不斷被打壓的情境下，為了捍衛瀕臨崩潰的自我價值感，落敗的一方也會反擊，一場厮殺，於焉開始！

當然，一開始就輸的人，最後還是會輸。憂鬱，於是獲得肥沃土壤得以萌芽！

有時候因為情境不允許當事人發聲，或是當事人不敢發出自己的聲音，這一場厮殺，就只能發生在被否定者的內在世界中，心中戰聲隆隆，死屍遍野，戰死的都是自我的魂魄。

找不到理由快樂，也找不到理由不憂鬱

在好惜、澄心與湘勇的戰役中，一般而言，被種在憂鬱土壤中的，總是如澄心之類的媳婦，她們憂鬱，同時還必須揹上不肖污名，像是陷入一場早已被佈好的陷阱。

她們找不到理由快樂，也找不到理由不憂鬱。先生沒有外遇，也沒有施暴，婆婆也沒有俱足證據的精神虐待。

先生說：「你自己想太多了！」、「你自己適應能力不良！」

婆婆說：「這命麼好了，還嫌！我們以前哪有這樣！」

所有人都說，熬吧！熬吧！婆婆總是長輩，她總是比妳老，以後就會像倒吃甘蔗，漸入佳境，一些自稱走過來的女人，都會這樣勸誡愁苦無告的年輕媳婦們。

於是她就擦擦眼淚，又回頭去熬了！

漸漸地，憂鬱像是一鍋熬過頭的粥，熬得連眼淚都流不出了！

理智上，她都能接受這些開導，也知道婆家人都沒有犯下什麼不可原諒之罪，但是不愉快、不舒服、不能開展的心情，還是存在著。

澄心想：「難道真是我自己心理有毛病嗎？是我自己有缺陷嗎？是我很差，配不上他們嗎？」

隨著重要他人的否定，以及遍尋不著出口的慌亂沮喪，自我否定越加深化，憂鬱的顏色越染越深！這鍋粥越熬越稠苦！

澄心覺得自己已經被削成一張幾乎透明的薄片，她的生命早就如同一片脆弱的枯葉。

有一天，她發現自己的表達能力竟然逐漸磨滅，思考也趨於遲緩空洞，也失去主動對應生活的意願，生命似乎以一種無法眼見的方式一點一滴地死去。澄心不敢讓娘家爸媽知道，剛開始只是找朋友談，朋友的回應卻只是讓她更失落。

這些困境是多數女人曾經經歷過的，但是她們可以觸及的支援，卻都只是在鼓勵她們忽略當下幾近瓦解的生命歷史，刻意模糊情緒與問題，將之內化成生命的常態，而不是試著去轉化困境，反而是埋得更深，所以這些自稱走過艱苦歲月的女人都會說：「這些都已經過去，我已經走過來了，你以後也會像我這樣啦！她會老啦！忍一忍就過去，二十年後局勢就不同！」

但是澄心仍舊聽出她們在談話中經常洩出的怨懟，這些女人常常抱怨，爆發突然的怒火，經常當著孩子或是家人、朋友，難以克制地說出負面批評的話語。

澄心的腦中突然出現一個蹙目顰眉的老年澄心，叨叨地說著往事，說著夫家如何沒有善待她，像極了婆婆的口吻。冷汗從澄心的背脊中滲出，她不想變成那個樣子！她又想到這幾年每下愈況的身體，自己還能熬二十年嗎？

有時候，澄心中午邀幾個已婚的女朋友吃飯，說著說著、時而憤怒，時而相擁，但更多的是無奈與無力，「難道我們都不能改變什麼嗎？」幾個女人最終都只能淚眼迷離地苦笑對望。

現代社會中，一些受過良好教育，有不錯職業的女性，不管有沒有婆媳問題，婚姻關係中不時或多或少地流動著憂鬱情愫，這些沒有被顯著覺察的憂鬱，經常成為婚姻生活中，無可迴避的惡，也是引起爭吵與離婚動機的因素之一。

憂鬱，總是只能借題發揮

潛在的憂鬱時常以其他情緒或是某事件為名目，借題發揮，進而引爆爭執。

譬如說假日去玩，或是回婆家，還是回娘家？（因為鬱卒，所以想回娘家療傷，先生卻不想，太太由憂鬱轉為憤怒……）碗要誰去洗？家事如何分配？（因為鬱卒，所以做什麼都不甘願）小姑結婚要包多少錢的紅包？（心中隱隱比較，為什麼對小姑這麼好，對我與我的家人就不是這樣。）

這些所謂的小事為什麼能夠引起巨大的爭執，說穿了就是如針一般的某個「小小」鬱卒在揮舞著指揮棒。

潛在的憂鬱情愫，讓親密關係變成拔河比賽，比贏的時候，憂鬱就會少一點！比輸的時候，憂鬱於是加碼！

這些必然的惡，也來自對人際關係的僵化認定，有些人經常認定某些關係中出現的問題，都是某特定角色的個人問題。

當孩子回家告訴媽媽，學校老師有不當處置，媽媽就罵孩子說，老師怎麼會有錯，一定是孩子自己不對，把孩子罵一頓，孩子被冤枉，於是滿肚子委屈，青春的憂鬱也就發芽了！

在謹遵倫理的父權家庭，一般來說，長輩一定沒有錯，都是身為晚輩的媳婦千錯萬錯；身為先生也不需要負責任，都是太太不夠成熟，還沒學會怎麼做媳婦呢！

一旦太太發覺自己陷於情緒困境中，進而對先生發出求助訊號，先生剛開始可能會說一些無關痛養的安慰。

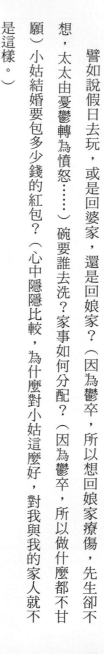

「你就為了我，忍一忍吧！」、「你說要我怎麼幫你呢？」（我也無能為力！）、「你大概太累了！休息一下就好了！」、「你一定是工作太累了，不然辭掉工作，我養你好了！」（快點去煮飯！我餓了！家事、孩子還是要顧好！）

這些話都不能對求助者挹注任何支持，但是，她也沒接到很明顯的負面回應，不覺得滿足，也不至於極端失望，頂多只有一點點失望，或許也同意了先生的說法，甚至真的以為工作辭了就可以解決問題。

基本上，除了談戀愛時期，大多數男性是比較畏懼情感的表達，除了女人愛慕、老闆誇獎，這種訊息令他振奮，其他引起情緒與情感的事件，都是男性極欲迴避的，諸如與婆媳有關的、與夫妻性生活有關的，或是純粹夫妻感情的因素等等，他通常是裝傻、擺酷，不然就是擺出一副超然理智的姿態，這時候女人就一再被迫承認一切都是自己的無知與錯誤造成的，此時，愛情在婚姻中成為命定的必死結局。

其實不是愛情必死，而是你們的愛情可能沒真正存活過。

以前的欣欣向榮只是玫瑰花、鑽戒、豪華餐廳、旅行、各種約會名目，還有籌備婚禮的種種事件，堆砌出來的！因為我們的媒體一直告訴女人，愛情就是這些東西，也告訴男人，要讓女人愛你，給她這些就搞定了，所以當女人試穿美麗婚紗時，就會覺得自己正泡在愛河中洗著炫爛的泡泡澡！

當這些活動都過去，當所有玫瑰花都凋謝，鑽戒也都收在保險櫃中，愛情就像煙火一般跟著消逝了。

男人追女人的時候，又花錢，又花時間，有時候覺得女朋友煩都煩死了，但是為了謀得後半生的生活服務與性服務，這些都是值得的！把女友娶回家，就沒力氣與意願談感情了，也認為不需要再談愛情了，只需要談責任與義務，他也會自動劃分自己與妻子的責任與義務，然後自認為，已經妥當完成份內的工作，如賺錢、回家睡覺吃飯、倒垃圾、偶爾洗個碗，就自封為好丈夫。

當然，澄心也曾向湘勇求助，跟湘勇訴說自己的心情，湘勇的反應印證了女朋友對她說的，跟先生求助是沒用的，他們只會擺出一尊超理智的姿態，不能體會女人的心情；可是澄心認為，這是他們倆共同的問題，他必須與她一起努力，否則一定會影響兩人的感情。

於是，她提出更嚴重的求助，情緒訊息更清楚，結果，婚前的戲碼又重演了！湘勇堅決地否定了澄心陳述的現實，也扭曲澄心所陳述的情緒。

澄心其實是很小心的，她並沒有直接說出對婆婆的不滿，只是說自從好惜搬過來同住，她心情越來越憂鬱，已經嚴重影響到生活的運作，她想請湘勇跟她一起討論有什麼方式可以解決這些困境。

他的反應，讓澄心震驚，繼而傷痛。

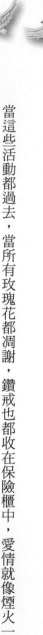

湘勇像一隻被吵醒的睡獅，他說：「我媽就是我媽，從以前就是這樣，有什麼要解決的，我看是你心理有病，自己有毛病不要牽拖到別人！」

說完就揚長而去，留下錯愕的澄心。

無能感，讓男人的鬱卒氾濫

難道湘勇沒有知覺，沒有心肝嗎？他當然有，只是無能面對！他知道媽媽一直就是這樣，從小就不喜歡媽媽每件事情都介入、操縱、批評，同時否定，但是那是親媽媽，也相信這是媽媽愛他的方式，他一向都是陷溺於其中，既恨得想逃離，又不能沒有這種愛。

澄心會提出這樣的求助，也是湘勇預期的，他早就希望自己可以伸出援手，實際上，卻認為自己不能也無能替澄心解決什麼？

當太太真的提出這個問題，顯示事情已經越滾越嚴重了，湘勇的恐懼感，猛然自意識陰影中躍出，於是就只能拿出大丈夫獅子吼，以掩飾驚恐與窘迫。

此時，在幽谷邊緣遊走的澄心，剎那間，在兩人情緒的對撞中，被親愛的丈夫推入情緒幽谷，全然跌落在漫漶憂鬱煙霧的沼澤中。

憂鬱，令魂魄渙散

憂鬱開始全面氾濫之前，澄心在工作時尚能保持某種程度的愉悅自在。工作時刻是最接近自己的時候，但是每到接近下班，她就不禁焦慮起來，希望可以不用回家，但是她又是那種戀家的人，沮喪無奈的蔓藤爬滿她的靈魂，因為在澄心的感知中，家已經不是家了！

公車上的晃動與人影的雜沓，讓她心緒翻滾，腸胃也跟著絞痛起來。疼痛卻是個奇怪的老師，教她怎麼關閉自己，澄心學會在回家後，把心的開關，關上，不去感覺。

她不知道，湘勇在好惜搬進來後，也自動關上自己的身心開關。

弔詭的是，越不想去感覺的人，對環境的刺激卻越敏感，因為故意不去感覺，反而讓訊息接收器更加敏銳。澄心故意不去感覺，卻變成一個敏感度過高的警報器，不過這種警報器卻是不對外發聲的，外面的人聽不到任何聲音，心靈內部卻是震天價響。

憂鬱的人，就像一具不能凝聚的魂魄，極容易受到驚嚇，奇怪的聲響，或是別人的言行，都很容易干擾她，身邊的人反而將她目前的身心狀態，反歸結為形成當前窘境的前因，「你就是太敏感，才會變成這樣！」

這些聽起來像是指控的話，讓澄心有苦更說不出，他們都說，澄心就是想太多了，太愛鑽牛角尖了，更甚者，就說她心胸狹窄，老是看到別人的壞處，甚至是說婆婆已經這麼好了，還不知感恩！

澄心初聽此言，總是先反省自己，在脆弱身心的運作下，模模糊糊地也認為似乎自己真是這樣，她問自己，「為什麼我會這麼多心呢？」

這一問，又讓自己更憂鬱了，如此反覆循環，如同在原本的憂鬱上，再淋上一層了更黏稠的顏料！

別人貼在憂鬱者身上的標籤，如同一支支戳破汽艇的針，讓汽艇慢慢地洩氣，緩慢靜默地沉入翻滾的海水中，澄心常常感覺自己快滅頂了！她的心好慌，身邊唯一可以依靠的人卻這麼冷漠，近似無情！

在憂鬱的路途上，澄心身心逐漸關閉的同時，也默默地製造了一件盔甲給自己穿上，那是一種自保機制，她知道自己快不行了，快撐不住了！總是要找一個東西勉強撐住自己，她還有兒子需要照顧，不能倒下去。

盔甲只是表面上保住澄心的軀殼，讓好惜與湘勇以為她很強硬、冷漠，但是任誰都不知道盔甲內的破碎，盔甲的硬殼只是暫時兜住澄心而已，能撐多久，澄心也不知道？

她為了救自己，開始向外求助，有一個喜好算命的朋友好意帶她去找一個通靈的上師，說他能知前世今生，能解萬難！這個師父看起來四十多歲，一頭長髮，面目清秀，他說澄心與湘勇家族有宿世業障，所以今生結為夫妻是來還債的，又說了許多湘勇與澄心的性格以及過去的事情。

朋友問上師，「那她這個事情，是否有法可解？」

上師說：「多佈施，多修行！你可以先供養道場的神佛，祂們可以用法力消去你的業障，你的身體自然就會漸漸好轉，多修行，修忍辱，不管婆婆怎麼對你都要高興接受，女人家就是要三從四德，你們有念過書的女人，連應盡的本分都沒做到，那有資格要求公婆丈夫對你好！」

「上師您一定要幫幫她，我們要如何供養？」

「先供養二十萬，我特別為她做一個法會！」

上師說完，就叫徒弟喊下位進來！不理會她們了！

澄心走進這個道後場就幾乎沒說一句話，聽這位師父滔滔地說著，心神都恍惚了，只隱約聽到三從四德、二十萬、供養。

她問自己，「三從四德」就可以救她嗎？

師父述說的澄心、湘勇與好惜的性格都有模糊的類似，朋友說：真準啊！這個師父很神吧！但是澄心想，準不準重要嗎？這些都是她原本就知道的，又何勞花錢來聽這些所謂後設的推論，難道因為對過去的推論準確，就必須相信此位師父有能力救我嗎？又為什麼一定要二十萬才能辦一場法會？

她雖然為憂鬱所苦，顯然智商沒有受損，澄心在理智上的歸因能力開始運作，她問自己，隨朋友來這裡到底想要獲得什麼支持？她只是希望有人可以幫助她釐清這個懵昧未知的困境，可是這位師父並沒有給她任何足以點亮生命的話語！澄心還知道，三從四德絕對不是女人的出口！

接連幾星期，這位好友又帶她去找了幾位高人，不外乎是紫微斗數、八字、面相，說的都了無新意，這些命理相士，不論是男是女，看待女性生命的角度仍不脫父權傳統對女性生命的認定，有些還長篇大論地說都是現代女人讀太多書，社會才會亂！有些命理師甚至用相書上遠古的價值觀來界定現代人的生命規劃，澄心有時覺得這些人是剛從北京山頂洞中走出來的山頂洞人！

澄心的憂鬱並沒有因為遍訪命理師而稍減，夜半時分，經常胸痛，在已經很淺的睡眠中痛得醒過來，去醫院也查不出身體上的毛病。

於是，漸漸也失去工作自信，害怕去公司，沒有辦法獨自去見客戶，所以經常請假或是翹班。

有一個翹班的下午，胡亂散步中竟然走到一座佛寺的樓下，一個和善的女人對她頷首示好，隨後問她要不要上樓去上香，她覺得胸中流過一股許久不曾有的暖暖能量，於是乘著電梯上樓。

澄心並沒有固定宗教信仰，只是有時候陪著媽媽去行天宮，她連怎麼禮佛都不會。

脫鞋走進佛堂後，澄心整個人都被攝住了，彷彿座上的幾位不知名的佛菩薩都知道她的苦，淚水無聲簌簌落下，不是悲傷，是被瞭解而釋放，濃濃的憂鬱第一次找到出口。

澄心祈願諸佛菩薩能賜給她智慧與力量，讓她能夠看見自己身處何處，能夠俱足智慧，在數不清的對與錯之間，數不清的應該與不願之中，找到走出迷宮的路。

擺盪在對與錯、應該與不甘願的迷宮中

情緒的發生，源生於表意識與潛意識中，同時存在著多組相互對立的認知。如果環境所促發的外在行為，與內在的某些認知產生不一致，同時，情境與行為又凸顯了原本就相互對立的認知，就會產生認知上的失調，當事人因此而擺盪在「我是對的」、「我是錯的」、「我應該這樣」、「我不應該這樣」之間，各種情緒於是隨之產生。

在尋找憂鬱出口的路途上，澄心也是擺盪在對與錯的山巔，以及應該與不應該的險惡山谷之間，意識中矗立了多堵直挺聳立的高牆，擋住她的去路，高牆越多，意識流陡然變成一座不斷擴大中的迷宮，澄心在迷宮中，找不到出口。

禮佛中，瀰漫在胸口的煙霧似乎被吹散了些許，澄心眼見心頭的赤裸與貧瘠。

讓澄心訝異的是，此時她不再像過去曾經瞥見自己時的驚恐，反而像是有一種「承認」在腦中運作，她第一次願意承認自己的所有一切，不管是自己原生的，還是別人加諸的，這都是她的，她都是它們的母親，承認之後，「接納」才開始發生。

承認與接納自己之後，心的迷亂彷彿減輕，心不自迷，才可能反觀自我，生出洞察，進而看見被荊棘佔據的前路。澄心決定到山上的寺院掛單一星期，好好沉靜一番。

當天回家後，澄心還是得面對氾濫的冷漠，在冷漠空氣中，婆婆好惜更顯得像一顆燒炙的炭火，任何滋潤的水氣，她都急欲將其撲滅，就像她如今管制這個家一樣。

澄心回給她的也是冷漠而已，她不知道面對這樣的對待，除了冷漠，還可以回應什麼？如果不想以火還火，以牙還牙，她能作的就是什麼都不去回應，沒有表面的衝突，只有靜默與某種奇怪的厭惡氛圍。

冷漠會造成一種假想的厭惡氛圍，讓別人以為你厭惡他，好惜認為澄心討厭她，從不給她好臉色，有時候回家也不願意對她打聲招呼，叫聲媽。

一個想要關閉自己的人，不可能主動對別人伸出手，特別是對假想會傷害她的人，厭惡好惜的心念可能是存在的，但是因恐懼而想逃避才是主要的驅力，澄心的行為似乎是厭惡好惜，其實是一種極度恐懼之下的逃避動作罷了。

澄心不知如何提出要去山上住幾天的決定，在好惜來同住以前，這種事情湘勇都不會有意見，但是現在不同了，婆婆一定會有意見。

婆婆常常用嘲諷的方式，抱怨地說澄心怎麼身體這麼差，「這種女人怎麼持家？那像我們以前，從來不看醫生！」

澄心聽起來，好像是說，湘勇娶她，是撿到故障貨，這些話以前也聽過，婆婆閒扯一個不會生育的親戚，也是這種口氣與說辭。

她卻是因為婆婆來住才開始生一些奇怪又不能斷根的病，這些要去跟誰說？

此時，澄心覺得她應該有自主權去決定自己的生活，更重要的是，她必須動手救自己了，救自己的行動不必等待別人的允許。

所以，澄心決定只是告知，不徵求同意，如果湘勇不願意接送看顧孩子，就把孩子寄在娘家，她不願去求婆婆，再聽那一番說辭。

澄心如願上山參訪，山上並沒有法會，所以沒有很多信徒。第一天，澄心把時間都花在滿山亂逛，不想找什麼人交談，只是靜靜地消磨時間，靜靜地走著、看著。

漫步山徑，一股寂寞悄然現前，澄心第一次真切地看見它，它也是她自己，寂寞也是澄心。

澄心看到自己的寂寞像一朵蓮花，綻放在眼前！

因寂寞而心慌

原來常常來叩門的心慌就是她的寂寞，當澄心不知道寂寞的存在，而它又確實存在的時候，心慌的感覺就會出現！

澄心坐在蒼老虯髯的大榕樹下，細細地梳理她的寂寞，像是梳理離散愛女的長髮，一邊梳理，一邊絮絮地述說離別後的時日。

接納了寂寞的澄心，才真正開始與自己的情緒建立關係，寂寞是澄心發現自我的第一站，當你願意將它擁在懷中，它就會告訴你，所有關於你的一切，你的慾望、不滿足，與不願意承認的遺憾。

寂寞，像是一個曾經失去母親眷顧的孩子，絮絮地說著沉積的心事。寂寞為澄心指出一道可能走出迷宮的門，但是開門的鑰匙藏在澄心曾走過的生命路途中，藏在某個角落等待澄心去取出，尋找的歷程不只是在尋找，也能夠賦予她開啟此門後，足以跨過門檻迎向前方的力量。

這是屬於寂寞的七天，澄心發現了自小對寂寞的恐懼，抹不去的心慌來自對寂寞的恐懼。

在山上的第一天下午，寂寞是以恐懼的面貌來叩澄心的門，澄心發現在山上她是孤單一個人，沒有熟人同房，沒有熟人一起吃飯，做什麼都是一個人，一股莫名的恐慌溢滿心頭。

她很想在那裡交幾個新朋友，可以陪她度過這幾天，但是，她又發現掛單的室友雖然很親切，卻不喜歡結黨活動，自在於一個人的走動，要找個人陪似乎有點難，她只好讓自己適應整天二十四小時幾乎都是自己一個人的生活。

或許是沒有其他的熟人在身邊，也沒有工作干擾，她第一次，正面去迎接害怕孤單的恐懼，不若過去以其他情緒與行為去迴避恐懼。

她想到記憶中最早的寂寞，像是一幅圖畫一直留存在心中。

大約三歲的某一天，弟弟澄方從嬰兒床上摔下，媽媽靜江狂亂地抱著滿頭是血的弟弟，連鞋都沒穿，就奔至樓下。

小澄心沿著樓梯跟著媽媽跑，她好害怕，弟弟會不會死掉？媽媽會不會回來？

沒有人理她，一個人站在騎樓下，眼看著媽媽坐著計程車去醫院，沒有人知道這個孩子心中的恐懼，她坐在樓梯間哭泣著，大門已經反鎖，不能進屋去，也不知道媽媽什麼時候回家，不知道誰能帶她回家？

媽媽回家後，不眠不休地照顧澄方，常常流著淚看著弟弟，完全沒有想到需要去撫慰受驚嚇的澄心，她聽到爸爸為武的責罵，罵媽媽沒有好好照顧弟弟，家中的氣氛躁動混亂，她更加害怕了！好像沒有人看得見小澄心，沒有人在乎她！他們都只在乎受傷的弟弟！

澄心在樹下沉思，彷彿看見那個流著淚水，光著腳丫，滿臉髒兮兮的小澄心，澄心赫然發現原來從那時候開始，就常常覺得自己像個棄兒，有些憂鬱一直在那裡流轉，覺得自己被拋棄了，有時候覺得自己像是一個孤絕的人！澄心為生命中的小澄心流淚，誰來愛她呢？

當小澄心度過那段時期，她對愛的需求門閥自動降低了，像是一種求生的機制吧！但是，實質上內心深處對愛的需求並沒有稍減。在家中，她習慣讓自己不需要那麼多愛，所以也就變得更獨立自主，但是相對的，她也不願意替父母分擔太多，似乎很自私，但是她就是不想，她心裡想，反正澄方才是家裡的主角！

她一直夢想有一個自己的家，理想中的家完全是屬於她的。

媽媽常常說女兒遲早要嫁出去，她從小聽這些話長大，老是覺得自己不屬於這個住了多年的家，女兒只是暫住，只是過客而已，明明是自己的家，但是又好像不是真正的家。

「我的家在哪裡呢？」是少女澄心常常自問的問題！「或許我的家就在遙遠的未來吧？等我

自己去建築！」

澄心一直是離枝又尋枝的花種子，等著找到豐沃的土，種下自己。

與湘勇結婚之後，最讓她心滿意足的，就是有一個自己的家，真正屬於她的家庭，結了婚以後，她有著前所未有的紮實感受。

當好惜加入了他們的家庭，澄心又離枝了！好惜是一個飢渴的採花人，甜美的花汁滿足了好惜，卻令澄心凋萎離枝，花離了枝，於是憂鬱難解！

此時，澄心恍然領悟，原來她對婚姻的滿足感大部分是來自於有一個自己的家，而不是湘勇的愛情。

湘勇在感情上是稚嫩的，澄心像個大姊，甚至是母親一般的在愛他，在愛情的互動上，澄心常常覺得有一點遺憾，湘勇屹立的姿態，似乎不夠堅固，也不夠溫厚豐饒，不像個可以庇護她的男人；但是，那又何妨，有自己的家已經夠幸福了！

如今，家已經不再是過去幾年那個能夠溫潤澄心的家了！維繫婚姻的支柱，只剩下湘勇的愛情，這個支柱卻又如此傾頹，於是澄心的整個世界都跟著傾斜了！愛情也被淹沒在逐漸荒蕪的廢墟中。

澄心問自己：「這是我的憂鬱來源嗎？」

剪斷憂鬱輸送帶

在山上的日子，澄心日日夜夜剝去痛徹心骨的痂，赤裸地面對著自己，同時，好惜的身影與聲音，仍舊像放映電影一樣地掠過心頭。

當好惜主演的電影開始在腦中放映的時候，澄心就拼命搖頭，想將她甩掉，「我現在不需要你來！」

她真的不希望好惜的言行，繼續不斷地成為傷害自己的工具，她納悶著，為什麼當下明明見不到好惜，她卻又好像實際在身邊一樣，過去的情景無休止地一再重演。

令澄心不解的是，自己竟然還無法控制地去預測，像在寫劇本一樣的，編寫婆婆將對她說些什麼？做些什麼？

她問自己：「為什麼婆婆不在身邊，卻好像在身邊一樣？是我讓她在我身邊嗎？……如果是，現在讓我不愉快的不就是我自己嗎？」澄心好像找到開啟那道門的第一把鑰匙了！

澄心的意識泛起洶湧波濤，只是現在她開始看得見波濤的動向，以前卻老是淹沒在波濤之下。

於是，在觀照波濤當中，不斷發現了過去用來編織憂鬱的各種情緒。

初始的觀看是異常痛苦的，像是舊創重新被撕裂一般，但是，她也明白如果不打開過去被粗陋包紮的傷口，被壓制在深處的惡膿，將永遠埋在那裡，不安分地鯨吞蠶食著週遭完好的組織，直到整個軀體都敗壞了。

澄心忍著刺骨的心靈疼痛，強迫自己與不同的情緒對話，並且跟蹤它們的來處，直到漸漸地接受了它們，她才發現原來心中還有那麼多座秘密花園，身為主人的自己卻從未知情。

此時，她為了自己，下了一個決心，決意不再繼續於不自覺的意識中，編寫與婆婆有關的戲碼，對著自己宣示，從此必須用意志力剪斷與好惜有關的負面情緒，每當不由自主又自動在腦中搬演著婆婆戲碼，就用自己的想像力，想像一把剪刀，斷然剪斷畫面的輸送，決不心虛，更不能手軟。

每座心靈花園都潛藏著生命的密碼，身心靈的解脫就在解密的過程中。

澄心的憂鬱，開始帶著她漫遊生命的瑰麗奧秘，期待她能夠在漫遊中找到生命之鑰！

漫佈的烏雲，漸漸散去，澄心的身心靈有著許久未曾出現的舒暢。但是，她知道，走出憂鬱的路，才剛開始鋪設！

憂鬱是熬過頭的一鍋粥

聞到翻天硝煙 聽到尖聲驚恐
淹出迷離寂寞 鋪出一地默然
一雙手 胡亂抓了 暗色無色的記憶
熬起一鍋粥
憂鬱的味道 悶悶流洩
從咕嚕滾著的一鍋雜色的粥

鍋中滾著破碎的魂魄 熬著過頭的 黏黏的愁
倒提鍋子也倒不出一滴水的
一鍋憂鬱的粥

捧著粥 從記憶裡搬出磚頭
黏黏的粥 好砌牆
一道一道牆 堆得高高 轉彎又轉彎
遊走在高牆的迷宮內
迷失又迷失
在迷宮中飄移著 提著一鍋憂鬱的粥

實作練習——戒掉憂鬱巧克力

在古今文學中，憂鬱愁苦似乎是女人的專屬，林黛玉的柔弱憂鬱即是典型，伴隨著憂鬱的就是身體的柔弱多病，所以憂鬱的女人被認為是脆弱不堪，無法有效操作家務，大概也生不了太多孩子，無能讓家族枝葉繁茂，更不要說像王熙鳳之流，三頭六臂似的統理大家族中紛擾事務；所以多愁善感的女人，絕非賢妻良母的典型，一般的老人家都認為如果娶到這樣的女人，家業難以興旺，子嗣不足以繁茂，所以賈寶玉最後娶的女人是薛寶釵。

然而，我們也都知道，男人也會憂愁，也會沮喪、焦慮，所以酗酒、吸毒、飆車的男性比女性還多。

憂鬱，並不是女人的專屬。

本課的作業就是帶你戒掉憂鬱巧克力！

為什麼說憂鬱是巧克力呢？雖然憂鬱是一座迷宮，讓人在如何努力也走不出去，卻有些人樂於把迷宮當成是避風港，以憂鬱帶來的病痛、脆弱的樣貌，作為擋箭牌，不願意自己動手去解決切身的問題，更不想直接去面對自己的人生。

他們心裡偷偷打算著：反正我有病，我是憂鬱症，大家都不可以刺激我喔！因為我很憂鬱，也不需要負什麼責任，整天只要躺著哀聲嘆氣就可以了！如此的憂鬱者，就像上癮一樣，吃巧克力也會上癮，又苦、又甜、又膩，已經胖得不成形了，牙齒都爛光了！還是吃個不停！憂鬱者也是，情緒已經胖得不成形了，還是繼續製造更多負面情緒！

從行為末端，回頭改變情緒狀態

任何性格或是情緒，都有其歷史成因，性格雖也受嬰兒氣質的影響，卻大多來自成長過程的形塑，不論是父母、親族、手足，以至於學校中的老師與同學，遠至各種媒體，都扮演性格形塑的一員。

性格是內在的，可以說是一組存於意識中的認知系統，認知系統的建構來自學習，形成我們據以詮釋生活世界的意義觀點體系，意義觀點體系決定我們的思考，決定我們如何詮釋感覺，當然也影響到情緒的滋生，與處理情緒的方式。

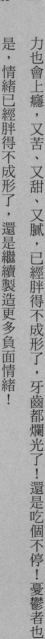

譬如說，如果你的意義觀點體系中有一條是不准表達與長輩相左的意見，那麼在長輩面前壓抑自己的想法與欲望就是你慣常的狀態，你所表徵的性格可能就有順從乖巧的成分，這一條規則也同時圍堵了你的情緒，讓它得不到流暢的出口。

如果一個人不能言語，不能動作，沒有表情，不能以任何方式表達自己，我們是幾乎看不出他的性格，因此性格只可以藉由外顯的反應來表徵，這些可見到的外顯反應，即是行為與言語。除了某些具備特殊心靈能力的人，他人心裡想的，如果沒有透過行為、語言或是表情表達出來，我們不會知道他腦袋中確實在思考什麼。

行為與言語是性格的反應，而有趣的是，對於行為與言語的行使，平常表達意見的方式、說話的口氣及慣用語彙，以及是否願意或是敢於表達自己的想法，這些習性也會反過頭來強化原本的性格，並決定你的情緒狀態。

一個經常不表達、不拒絕，也不要求的人，他的情緒狀態就如同一間不通風的屋子，窗戶與門都被封死了，惡氣自然在房子裡堆積著！

既然性格影響我們對外在情境的回應，與情境互動的結果又影響我們的情緒狀態，性格又是以言語行動作為外顯反應。因此，藉著言行的變動，作為改變情緒狀態的起點是可能的。

當某人持有一些牢不可破的想法，這些想法又對生命造成負功能，製造許多負面情緒，就可以先試著在行為面上做一點小小的改變，固定模式的微小更動，可以激發不同於過去的感覺，當新的感覺被接受，接著就可能引導出思維方式的突破性契機，接著新行為與新的詮釋模式就可能再一次被行使，觀點轉換於是就發生了，當然，舊的情緒模式當然也得到轉換性的發展。

也就是說，行為的改變有可能反過來改變所謂的本性，本性如果在意識中不動如山，不如先移動一下每日都可能變動的生活細節，變動意識末端的外在行為，小小的改變可能會讓你嚐到一點情緒的甜頭，增加一些自我價值感，讓你對自己有不同的看法，進而促使你更願意、更勇敢進行更多改變。

走出情緒陰霾的希望，因為起頭的小小變動，成為可能的行動！

舉個例子來說！很多人相信穿紅衣服會很紅，會有好運，但是有些人心裡很想，卻不敢嘗試紅色衣服，天天都是灰黑色調，但是他又想要有好運，怎麼辦呢？是不是可以先偷偷穿紅內衣，先稍微感覺一下，紅色如果真的帶給你的自信，或是喜悅，再去穿紅襪子，提個紅皮包，漸漸增加紅色的區域，當有人稱讚你穿紅色外套很有精神，烏雲就開始散了，是誰吹散烏雲，就是你自己，你的行動帶你走出情緒的陰霾！

想要走出憂鬱，不能只靠著對別人訴苦，更不能只依靠藥物的治療，向外依賴只能紓解一時的疼痛，心靈的莫名疼痛依舊纏繞著你的魂魄，無法真正帶你走出情緒迷宮！

憂鬱可能來自突發性的巨大創傷，也可能來自日積月累的不悅感，但是巨大創傷造成的憂鬱，也是創傷造成的不幸福感累積而成的，也可以說是日常生活中面對人際互動與處理情緒的慣性所造成的。

因此，改變慣用的行為與情緒模式，是走出憂鬱陰影的第一件功課。

學習勇於表達自己，修練清明的情緒的敏感度

當有人做出讓你不悅的事情，你會當場表達你的不悅嗎？當有人刻意扭曲你，你會馬上糾正他的說法嗎？

憂鬱常常起於周邊的人刻意或是無意扭曲，如果只有一次，也就算了，如果經年累月，此人都不加抗拒，負面標籤於是貼滿全身，憂鬱就在逐漸接受負面訊息中滋生！

這裡所謂的表達，不是只擺出一張撲克臉，以為這樣人家就知道你在生氣，這不是真正的表達，這叫做鬧情緒、發脾氣、生悶氣。

真正的表達，是用「單純清楚原則」，清楚明白地說出你不希望他做這些事情，或是說這些話。

譬如說，當有人到你的辦公桌上取走東西，卻沒有徵得你的同意，你能不能在發現後，馬上清楚卻不用情緒性字眼告訴他，這是不適當的行為，你願意借他東西，但是希望以後要先告知你再去拿！

或是當婆婆到你房間翻動衣櫃，你能夠在發現後，盡可能在發生後的不久，態度平靜，但是語氣堅決，讓她知道，你不喜歡這樣的行為！

或是，當你煮了一桌子好菜，其中有一、二盤夫家諸人不喜歡吃，或是不習慣吃的菜餚，卻是你極愛吃的，他們不顧你的意願，一逕地批評，還叫你以後不可以煮，你會不會或是敢不敢，不帶太多情緒又理直氣壯地表達自己的意願：「這是我喜歡的菜，你們不喜歡可以不吃！我也可以煮自己喜歡的菜來吃。」

這些事情如果常常發生，你卻都不反應、不表達，不論對內與對外都不做任何處理，日日抑鬱在心，他們卻一點都沒有不愉快，也不知道你的處境，這個家就只有你一個人日漸陷於不悅情緒當中，自我價值感就在鬱卒情緒中，一點一點地被敲掉。

一般人對這種事情的反應可約略分為四種：第一是，裝作不知道，也沒有動任何聲色，嘴巴說算了，但是心中仍舊很在意，非常不高興或是恨得牙癢癢，但是臉上一點都不顯露；第二，以臉色反應，以為這樣他就會知道你不高興，但是人家不見得領略你的意思，也不見得在乎你；第三，馬上氣沖沖跑去理論，拍桌子大罵，警告他以後不准這樣；第四種是我鼓勵的方式，以清楚單純的字句，語氣堅定，但是不帶太多攻擊性情緒地去告訴他，你不喜歡他這種行為，希望他以後不要這樣。在說話的當中，使用確實的語句去陳述你對這件事情的情緒感受，但是不要發出過分責怪或是人身攻擊的話語，首要任務只是去清楚陳述你的感覺與要求。

第四種模式，我們在前面章節已經說過，這需要在平常用功練習自我情緒的描述，而且必須在事發的當下，或是在情境允許的最適當時機內，馬上去說清楚，千萬不可拖延時機。

如果今天一個人說了讓你不舒服或是傷心的話，你當下沒反應，情緒將會累積在你的心中，反覆地不斷撞擊你，你將在心中不停問為什麼，「他為什麼說這些傷害我的話？為什麼？為什麼？……」

接著就是不能停止地在心中演練，自己在不久的將來要對他還擊什麼？見到他的時候，給他什麼臉色？甚至計劃如何報復？

可是，當你的內心正在發生這些情緒衝撞時，他卻不會有任何感覺，也不知道你的感受。

若是，終於有機會見到此人，可能必須花心機製造機會去談，或許當你遠遠看到他的時候，情緒就澎湃到無法抑止，根本無法正常地跟他說話，或是他根本不願意跟你談，他可能否認，也可能宣稱已經忘記，而可憐的你，永遠也找不到答案，以釐清心中的情緒。

更重要的是，如果他是無心的，你不當場表達感受，他根本就不知道這對你已經造成傷害，你就白白浪費光陰與力氣，在對抗氾濫的情緒。

如果此人是有心傷害你，而你不表示什麼，只是默然離去，他會洋洋得意，或是食髓知味，再一次採取傷害你的行動，因為你的沉默，正在默許他對你的傷害。

閱讀至此，你可能想問，如果他說的話或是行為讓我不愉快，我怎麼能夠不用情緒化的行為去回應呢？

有情緒在心中是正常的，但是表達情緒是不是只能用情緒性的言行，差別就在個人EQ的展現。只要做足前幾章的功課，EQ必然大增，特別是能夠清楚地描述自己的感覺的實作練習，如果能時時覺察到自己的感覺，並在自我對話中描述自己的感覺，就能夠在適當的時機，盡量地用情感性描述的字句去表達自己的想法，因為這些練習已經讓釐清感覺的速度加快，讓你對自己情緒的接收與轉換狀態非常清楚，也強化表達感覺的能力。

這時候你將發現，你是你，你的情緒是你的情緒，你與自己所製造的情緒是分離的，卻互相清楚對方的存在。有互動，但是不產生莫名的干擾，更不受到對方指使。

如此清明的情緒敏感度才能帶領生命，導向正向的情感脈絡，渾沌不清的情緒敏感只會帶你走向自我毀滅。

如果發生傷害多次之後，終於忍無可忍，此時再去說會有效嗎？忍無可忍時的情緒反應一定是爆發性的，這樣的情緒表達一定是衝突式的，所以溝通的效果像是走鋼索一樣，不能說沒用，只是危險性高多了！如果小火起了就撲滅它，不是比較不費力嗎？

從另外一個角度來看，當婆婆第一次進入你房間翻動東西，你都沒表示不喜歡她這樣，她是不是會當作是你默許如此？甚至是你喜歡如此？

就像一個孩子第一次偷東西，媽媽知道卻沒說什麼，他是不是會覺得偷東西沒有錯？等到偷十次之後，媽媽才痛罵處罰他，他對偷竊行為已經產生認知上的混淆，如果偷竊是錯的，為什麼第一次到第九次，媽媽都默不作聲？到底這個行為是對，還是錯？他已經搞不清楚了！

製造憂鬱的機制之一就是「不表達自己的意願」所形成的溝通習慣，這也就是豎立暗牆的機制。

所以，掃除情緒陰霾的第一項功課就是學習即刻表達自己，盡可能用言詞描述對此事的「感覺」，並且進一步說明理性原因，隨時抓住機會學習清楚表達自己的情感與理智，千萬不要等到情緒溢滿之後，以洩洪方式表達。

學習打迴力球，阻止傷害再度進來

當你回應之後，對方可能會有歉意而解釋自己的行為，或是反過來更進一步攻擊你。若是他誠懇解釋自己的行為，可能可以釐清整件事情與情緒。

但他也可能會狡辯說謊，甚至反問你一些話（岔開話題），給你莫須有的指責（你也是……），果真如此，建議你可行的回應是，不要順其語意進一步去解釋你的意思，或者是順著他的問話，想解釋什麼給他聽，這樣談話重點將會被其混淆或是岔開，他的狡猾回應就像一口陷阱，牽引著你不得不跳下去，你的情緒依舊無法舒坦，可能更加不悅，原本需釐清的問題完全被模糊掉。

建議你遇見此情境時，只要再次重複說明你先前說的話題，不要順其語意去回答他什麼，像打迴力球一樣，言簡意賅地說清楚，如果他沒有善意回應，就可以主動結束對話，因為如果他不是不瞭解，只是想狡辯，多說也無益，他將從迴力球中清楚收到你的訊息，下次他就會小心說話！

還有人喜歡批評、貶低別人的言行或是穿著，這種人下手的對象大多是身邊關係密切的人。

譬如，一對夫妻共事於同一個公司，太太在開會報告之後，先生就開始批評她今天哪裡說不好，「你就是不會講話，講話都抓不到重點！」

這位太太的一貫回應是很委屈地、長篇大論地解釋，她剛剛為什麼那麼說，以為先生理解了，就會原諒她，並給她正面的評價，然而戲碼還是重複演出！

姑且不論這男性是否喜好苛求，太太常常聽到這樣的批評，並不會如批評者所願變得更進步，反而越來越沒自信，公開講話時越來越慌亂緊張，最嚴重的後果是，這位太太就會真的相信自己是一個不會講話的人，是一個蹩腳的主管，自我價值感在這些批評中被消耗掉，這位先生也不會因為太太無數的解釋，有一天終於突然瞭解太太，而停止批評。

有一天這位太太終於忍無可忍，生氣地告訴先生說：「我不是你講的那樣！」

兩人大吵了一架，先生又說了，「你就是經不起別人說你，不能聽別人的建議，才會這樣○○××！」

至此，這個太太情緒如何呢？當然鬱卒啦！又想爭一口氣給先生看，在努力練習講話技巧之前，首先要先練習打迴力球，阻止傷害再度進來。

當先生又說出貶低太太的話，太太應該正視著對方的眼睛，不帶太多情緒與責怪，但語氣堅定地說，「我沒有抓不到重點，我不是你說的那樣！」

說完就自動結束談話，不需要對他解釋什麼，把負面言語還給他，不讓這些沒營養的話傷害自己！如果對方窮追不捨，就再打一次，不需要去解釋太多，只要把原先說的話再說一次，即可離開現場。

當別人說的話讓我們難過、生氣，雖然我們並不認同他的話，卻已經隱約接受其貶抑，如果你完全不接受，怎麼會難過呢？怎麼會氣得要命呢？就是因為已經隱隱接受他的貶抑，才覺得受傷，同時卻又覺得自己不是這樣，於是就有生氣的情緒，心理機制為了消除內在的對立才會生出多種負面情緒。

如果你老是躲不過，或是沒辦法自我消解這些攻擊，就將他們打還給對方，不想要這種禮物，總可以吧！

但是打迴力球不是遇球皆打，有些人的話是非常肯切，而且是有建設性的建議，不是惡意或是苛求，我們就應該收在心中，好好珍藏！

發現情緒臍帶

造成憂鬱的更深刻因素，還是應該歸結到內心的渴望，靈魂的飢渴才是造成憂鬱的真正原因，靈魂的飢渴使我們願意長期接受一些不合理的對待。雖然外在因素必須被發現，進而移除與這些外在因素相映的部分，也應該要被正視。

情緒臍帶就是提供我們情緒養分的環節，讓我們當下的生命與過去的匱乏、創傷產生連結。未成年時的情緒臍帶與父母或是照顧者相連，成年後，就自動分配給婚姻中的配偶，甚至是公婆、孩子；然而，在父母身上沒有獲得的養分，婚姻中也很難得到。

找出你憂鬱情緒中的關係人，不一定是這些人造成你的憂鬱，但是你的憂鬱絕對與這些人脫不了關係。

列出這些關係人，以及對你影響力的順序，這些關係人的名字下面，寫出你對他們的期望，以及你覺得自己最想從他們身上獲得什麼？譬如，你其實很期望婆婆給你肯定，你希望她能愛你像愛女兒一樣。

這些期望的釐清，就等於是將你心中的情緒臍帶畫出來，剛開始你可能只能說出一些具像的句子，譬如是希望先生早點回家，希望孩子功課好，如果你認真思考，將會發現這些具體的期望之後，有一些內在的情感渴望與匱乏感的投射，如此繼續用功，你將愈能看清楚自己內在渴求的面貌！情緒的暗牆就可以一一被推倒，情緒迷宮才可能變成廣無邊際的芬芳草原！

第十一章
罪疚，解開生命的縛綁

「我認為自律與克制沒有什麼不同，因為兩者都否定智慧。克制比較粗糙，自律比較細緻，不過都是壓抑。這就是說克制與自律都是在適應環境，只是一種比較粗糙，一種比較細緻。兩者都是因為恐懼——克制是因為明顯的恐懼；自律是源於恐懼失落，源於一種以『取得』表現出來的恐懼。」

——克里希那穆提《全然的自由》上冊

任何情緒都有能量，所以能夠影響意念，驅使行為。

但是，罪疚是一種情緒嗎？

情緒來自情感，只要是活著的生物，都有情感，有情感的生物只要起心動念，或是接受了外來的刺激，情感就會產生質與量的轉變，我們所感知到的情感轉變就是我們的情緒。

罪疚感是隱約，不外顯

生死學大師伊莉莎白．庫伯勒．羅絲認為，人有五種自然情緒，包括恐懼、憤怒、罪惡感、忌妒與愛，自然情緒不是學習來的，是與生俱有，它們本身並無傷害性。

自然滋生的罪疚感當然也是不具傷害性的，罪疚感讓我們感知內疚，刺激反省能力，進而幫助我們獲得生命的平衡。

如果沒有足夠的罪疚感，面對生活世界時，就無法擁有足夠的同情心，無法滋生足夠的愛，為他人付出，也不可能與他人建立親密深刻的關係；另一方面，也不能對自己的欲求做出適度的限制，此人可能會過度擴張自我，不斷索求，卻無能也不願付出。

假若罪疚感過分發展，壓抑自我則成為處理慾望與心念的慣常模式，將導致無能獨立設定生命目標，或是生命目標完全以他人為導向，產生嚴重的自我壓抑與屈從性格。

因此，罪疚感可以說是一種調節情感狀態的門閥機制，也是最隱約的情緒，大多數時刻我們都不會自覺地把罪惡感當作是一種情緒，因為它不是外顯性的。

一個心懷罪疚感的人，僅能以憤怒（你怎麼可以說我是為了自己！）、責罵（為什麼媽媽一不在，你就出事！為什麼沒有好好照顧自己！），或是卑微的身影（都是我的錯！都是我不好！）來偷偷顯示罪疚，企圖用其他情緒來平衡不平靜的心情。

罪疚感的外在面目是如此模糊，所驅使的行為也常常是細緻又不著痕跡的！然而，它的影響力卻是連續的，而且是極其深刻，如同將一根極細的長針，插入身體組織中，也許會痛，但是疼痛的感覺絕對不大過被削掉一片皮膚的痛，但是長針對身體的傷害，可能大過被削掉一小片皮膚。

如果願意誠實傾聽內在的聲音，每天都可能會有罪疚與羞愧情緒的發生，它們都是很私密的，也比其他情緒更為細緻，像是呢喃，像是囈語，但是對行為的驅使力，卻如同飢餓驅使飲食慾望一樣，你無法不讓自己不去滿足它對你的驅動！

如何將這個細微而綿長的能量，轉換成悅耳的生命之音？還是回歸到你的內在，不需外求！

自然與不自然情緒

情緒本來就是生命的一部分，這些凡人本就具有的情感表現，我們就姑且稱它為自然情緒，相對的，也會有不自然情緒。

自然情緒是一種情感的抒發與平衡機制，不傷己也不傷人，不自然情緒則不會這麼簡單就饒過我們！

生死學大師庫伯勒．羅絲教授多年來，輔導了許多臨終的孩子，她發現在六歲以後，孩子們通常就已然失去了自然情緒，幾乎所有的情緒狀態都受制於生活上的學習，也就是大人的教導與文化的影響，一些由「應該」構成的學習經驗，扭曲並捏造了我們的情緒，接管了自然情緒的樂土。

於是，自然的罪疚感，演變成各種不同的心理情結，這些情結又因為社會文化的因素，在特定情境之下，被化約成不同的反應與詮釋，這些詮釋又引發預設的制約性反應，生命遂一次又一次地被烙上負功能的印記。

更淺顯地說，當外在情境發生了某些事件，引發了自我對某些特定情境的解釋，羞恥、慚愧、罪惡與丟臉的感覺，伴隨這些詮釋而發生，這些感覺將驅動特定的行為。

例如，假若一個男人認為不能在眾人面前命令太太替他做些什麼，就會被視為沒有男子氣概，他可能將此情境詮釋成丟臉、沒面子，也認為別的男性會看不起他；這些事件與後續的感覺如果經常出現，不管是不是有人公開笑他沒有男子氣概，當事人的認知系統一定會逐漸將此經驗與感覺溶入自我認同當中，覺得自己是個沒用的男人，罪疚感的面目之一——羞愧，就會跳著連續不斷的舞步，他又會將此詮釋成，都是這個不聽使喚的太太讓他變成沒用的男人。為了消除羞愧感的騷擾，他會更加用力支使太太，如果太太仍舊不被他支使，他作為一個男性的自信與自尊將不斷緊縮，於是，引發更多其他不可名狀的情緒與行為。

這些詮釋，與後續所導致的情緒，對生活的殺傷力或許不比沮喪、忌妒、憤怒或恐懼來得強，但卻如空氣一般，無聲無息地在你的意識中循環，可能滋養你，也會廝殺你，左右每一個生命抉擇。

我們需要有更深刻的自我觀照與覺察能力，才可能目睹自小被父母、禮教、老師、媒體，甚至國家刻意培養的罪疚感；同時個人也必須有更強的自我揭露意願與勇氣，才可能將此情緒的狀態、根源與實際的事件，作深入的回顧。

罪疚感與主動性

心理學家艾瑞克森在心理社會發展理論中，將人的一生分成八個心理社會發展階段，每一個階段產生兩個看似相互對立的性格傾向，這些對立造成的緊張衝突，促使個人更主動積極地投入生命，以謀得整體的平衡，在求取平衡的過程中，逐漸獲致一種新的生命力量，幫助自己繼續投入下一個階段的發展。

罪惡感的發展被安置於第三階段學前期，或稱遊戲時期，相對於罪疚感的另一驅力是主動性。

這個階段的孩子在遊戲中描繪他們的理想目標，並在遊戲進行中醞釀達到目標所需的能力，這樣的能力可以說是一種勇氣，不受到第二階段幼兒期的羞愧感與自我懷疑感所阻礙，這種勇氣可以幫助孩子，在發展中的罪惡感與主動性格中，取得某種程度的平衡，並學習使生活維持正功能的行為準則。

主動性代表促進與向前探索，罪惡感則隱藏著自我抑制與退縮，這一前一後的動力不斷在尋找平衡，主動性與罪惡感的平衡發展，也是前兩個階段——嬰兒期與幼兒期的發展結果。

第一階段嬰兒期所發展的性格是基本的信任感與不信任感，兩者的平衡幫助嬰兒獲得生命的必要根基——希望，對照顧者產生的信任感，增強了嬰兒對自身生存的希望，減緩了不信任感對他施加的拉力；雖然如此，不信任感的存在，仍舊是必要的，不信任感具有保護孩子、免於危險的效果，再者，如果在關係中，對某人無條件的絕對信任，將造成過度的順從與依賴，可能促使嬰兒感官知覺發展的障礙。

嬰兒期之後的幼兒期，將出現自主以及羞愧、懷疑這兩種對立性格。

過度自主將會造成幼兒的無法節制自我的任性傾向，過度的自我懷疑與羞愧將令人無法自主，不相信自己可以做決定，不敢去探索世界，兩者若不能取得平衡，就難以獲得適當的駕馭自我與獨立行動的能力。

自我懷疑與羞愧感是罪疚感的前身，幼兒期的孩子不全然能夠分辨孰是孰非，羞愧感的強弱是來自成人的語言上的褒貶與獎懲的行動；當他獲得正向的褒獎，對自我的懷疑將會減低，相對增加自主性，肯定自己可以獨自進行某些活動；當他哭的時候，大人的手在臉上畫著羞羞的動作，他就知道自己不對了，心中產生羞愧的感覺，學會了關於哭的社會規範。

成人每天對孩子行為的反應，形塑孩子面對生命時，所展現的意志力，對生活世界中的種種限制，也有了關於是與非、優與劣的基本認知。

當孩子成長到遊戲期，對接受約束的必要性有了更清楚的認知，對於成人所允許的限度也更加明瞭，認知系統中已經刻出好壞對錯的判準模型，他的主動性受到學習來的規範所制約，這些規範所形成的心理制約力量就是罪疚感。

孩子因為罪疚感的發展，而害怕做錯事，更不願做錯事；但是，假若此事又是他極想去做，主動性與罪疚感就會在心中展開拔河大戰。此時，過去累積的認知與當下的外力介入，將會決定他最後的行動。

如果大人經常強加給他的罪疚感，威力強大，涵蓋面積又非常廣，主動性就會經常戰敗，壓抑自我，自然成為反映外來刺激與內在慾望的慣性模式；然而，在他的生命意識流中，主動性以及生命原有的渴望與欲求，只是被壓縮裝罐密封起來而已，實質上並沒有減少，或是消失。

許多父母常常不自覺地去控制、壓抑，或是否定孩子，事後又產生罪疚感，想在其他事情上去彌補他們，造成孩子在主動性與罪疚感中迷失了方向；也有些父母以加諸罪疚感作為管教孩子的基本手段，以管教之名，行掌控之實，這些孩子就如同在大腦中被植入罪疚晶片，一遇到父母設定的情境，就開始釋放罪疚電波，行為即刻受到驅動，或是壓抑。

罪疚感的影子——欲加之罪

罪疚感有一組貼身的影子，叫做「欲加之罪」，這些慣常以罪疚感控制別人的人，不管你做了什麼，他都會以審問者的姿態，指出你的錯誤與不完美之處，抬出比恆河砂還多的理由，說你一定要改過自新，否則你就是個不好的人，別人就再也找不到理由疼愛你了！

任何人只要是承認了那個欲加之罪，自我價值感就像市場上待售的甘蔗一樣，先被削掉一層皮，接著又被砍成一段段，運氣不好還被榨成甘蔗汁；此時，我們就會認為自己是個壞媳婦、壞媽媽、壞兒子、壞學生，甚至是個徹底的混蛋，更對不起所有的人。

或許你此時表現出很卑微的樣子，或者因為強烈罪疚而裝出一付更強硬凶悍的防衛姿態。然而，自尊已經受傷了，你偷偷地覺得自己可能真的如他所暗示又明講的一樣，是個不折不扣的差勁的人！

但是，這時候你的心裡還是存在著某些正向自我認同，所以又會覺得自己應該不是那麼差啊！更不希望自己是個混蛋，你最期望的是自己是個很棒的人，所有人都會很愛我；翻騰的罪疚感於是就讓你決心為自己的罪行負責任，用盡全力去彌補被指稱的錯誤罪行，以換取別人的讚美，以為這樣就可以獲得別人的認同與愛慕。

當罪疚感的設定還在，有心掌控我們的人，就會繼續利用手段與情境驅動我們的罪疚意識，利用高漲不已的罪疚感，盡可能進行各式各樣的情緒勒索。

這些掌控模式在進行的同時，也在教導被掌控者如何掌控別人，或許他還沒長大就學會藉由操弄父母與其他人的罪疚感，來贏得任何想要的東西與別人的疼愛。

好惜最高竿的手法就是，利用操弄罪疚感以進一步掌控別人，得到她想要的，她操弄湘勇的罪疚感，以此把湘勇拉到自己身邊，最厲害的是以罪疚感製造湘勇與澄心的對立與決裂。

自從媽媽搬來同住，湘勇就一直處於雙重的罪惡感中，對澄心覺得愧疚，也覺得對不起媽媽。但是，他從小就被強灌大量的罪疚意識，「你是家中唯一的兒子，媽媽犧牲自己就是為了你啊！」、「如果你不孝順，等我老了，不知道該怎麼辦？唉！你會不會送我去養老院？」

男人的罪疚感

長期處於罪疚意識中的人，雖然想要採取行動，以消滅罪疚，卻是欲振乏力！

湘勇年紀老大後，卻因此成了罪疚意識疲乏，罪疚只製造了情緒，很難喚起湘勇的積極行動，當好惜又唉聲嘆氣說：「唉！兒子娶媳婦，就不要老母了！」

湘勇也只能說：「你又說這些幹嘛！不要說這些，好不好！」轉身趕快逃離現場！

澄心的不快樂，也讓湘勇覺得愧疚，澄心陷於憂鬱，他自認要負部分責任，但是又不敢跟澄心一起面對，認為自己無能幫助澄心，媽媽一直都是這樣，他無能去改變什麼！所以選擇假裝自己不用負責任，假裝都是澄心自己適應力不佳、不夠賢慧、不夠傳統，每次在爭執中都將責任推給澄心，當湘勇越不願去面對，心裡的罪疚感反而更加增強，為了抗拒罪疚感，又表現出更強硬無情的態度，以掩飾自己的脆弱不堪，這些表面的反應都讓澄心陷於苦寒之境。

面對媽媽的時候，湘勇也覺得自己不是好兒子，因為沒有替媽媽找一個孝順的媳婦，讓媽媽經常嘀咕抱怨，而對媽媽心生愧疚！

湘勇是憑哪一點認定澄心不是好媳婦呢？一是來自他過往所累積的好媳婦觀念，另外也來自母親好惜每天對澄心的抱怨與批評。

好惜是個精明挑剔的女人，看人就好像在肉攤上挑豬肉一樣，都是論斤計兩的，難得有讚賞！即使對自己的兒女都是如此。

湘勇如同大多數的孩子，總是無法抗拒母親對他的毀與譽，就像不能沒有母親的愛一樣。既然那麼需要媽媽的愛，不可避免地必須同時接受附加在愛之上的貶損，長期以來，他將這些貶損解釋成「媽媽為他好、愛他」的象徵。

所以媽媽對妻子的貶損，他必然會相信，並在表意識與潛意識中，都告訴自己，這些陳述都應該是事實，「媽媽是愛我的，永遠是為我好，怎麼會害我騙我呢！」

甚至，即使他眼中的妻子不全然如此，他反而會去懷疑自己對太太的認識，「可能澄心在我面前掩飾自己吧！搞不好澄心一直是雙面人，就像媽媽說的一樣。」

如果湘勇懷疑媽媽，媽媽所植入的罪疚感晶片，就會告訴他，這樣懷疑媽媽是不孝順的，是不道德的，媽媽說的怎麼可能會錯呢？是媽媽愛他比較久？還是太太？當然是媽媽的愛比較值得信任，好惜常說，「太太再娶就有了，媽媽可只有一個！」

雖然對母親與妻子的期待是不同的，但是與母親連結的時間畢竟長過妻子，更何況有些男人與母親的情感仍舊處於還沒有完全斷奶的狀態，當太太因為某些因素不給他喝奶的時候，他就轉身去找媽媽，跟媽媽索求總是容易許多，特別是媽媽現在有個競爭對手！

湘勇對妻子的觀念是偏向現代的，他算是滿欣賞追求兩性平權的女性，也很享受跟這類女性在一起的自在。跟她們相處時，自己也獲得某些釋放，或者也可說是從傳統男性角色中得到部分解放，所以，當他與澄心成立小家庭的時候，作為一個新家庭的男主人，他絕對有百分之百的意願當個新好男人。

然而，當媽媽加入他們，澄心不再像以前蜻蜓點水式地與媽媽相處，湘勇才發現自己非常在意澄心的另一個角色——媳婦。

當湘勇把澄心當作是母親的媳婦，對她的期待開始變質，希望澄心是一個徹底實踐三從四德的女人，他希望「給」媽媽一個好媳婦，這也是他自認為做為家中獨子的重責大任，有時候，他彷彿覺得自己如果不能讓澄心對母親乖順，就不可能在親族面前有面子，他會抬不起男子漢的顏面。

湘勇以為，因為愛情，他願意解放澄心，不讓她扮演傳統社會中那種可憐的舊女人，卻因為親情與倫理，媳婦的本分她還是應該要去完成，這是所有已婚女人的本分，這些本分當然包括了歡喜忍受婆婆的無理對待。

湘勇還認為，澄心如果愛他，就應該體諒他的處境，盡心去配合他，不該讓他難做人。

如果更清楚地描述湘勇的觀念，其實他心裡想的就是，因為愛澄心，可以給澄心一些恩惠，不讓她吃一般女人應該吃的苦頭，但是媳婦該受的罪，她還是應該心悅誠服地去接受，這是女人家自己的事，湘勇覺得自己可是幫不上忙！

到底媳婦應該怎麼當呢？湘勇這些觀念是從哪裡學來的？

自從媽媽搬來同住，婚後未曾出現的情境不斷浮現，因為新情境的激發，或者也可說是原生家庭舊情境的重演，湘勇自小從好惜那邊學來的性別角色認同，從沉睡中一一被喚醒，讓湘勇對澄心的角色要求與期待，浮現新的介面。他，因此，對澄心升起了些許失望，原來澄心也不是想像中的理想女人。

什麼樣的女人才是湘勇心目中的理想女人呢？大概是有新女性的獨立幹練，又要對先生有舊女人的溫柔順從，賺錢養家是理所當然的，做家事伺候先生公婆也是應該的，從男方角度來看，新與舊的好處都要保有，失去既得利益的事，可最好都不要發生。

當舊男人覺得養老婆是應該的，新男人可不這麼認為，但是舊男人把老婆的服務當作是應該的，新男人卻也如此想。

有些所謂的新女人也抱持如此的思考理路，希望她的男人像舊男人一樣在經濟上全然庇護女人，房子、家用都是男人負責，出門要先生接送，電燈泡壞了也不願意自己換，倒垃圾等粗重骯髒的工作，當然是男人的專屬。同時，她又要求男人要給她全然的自由，支持她的發展事業與興趣，分擔照顧孩子的責任，最好還要喜歡打掃煮飯，與某些兩邊便宜都要占盡的新男人相彷，同樣的貪婪，同樣的予取予求，希望擁有舊女人式的寵愛，同時又想擁有新女性的優勢位置。

所以不難想像，湘勇幻想著，澄心應該要像連續劇中倍受刁難凌虐的太太，面對丈夫卻能夠不吭一聲，從不抱怨，從不找先生麻煩，還必須體貼地告訴先生：「你不用為我擔心，這是我應該做的！為了你，我可以忍受這一切，公婆總是對的！」

當婆婆臥病時，還能夠不計前嫌去侍奉她，這時候湘勇就會容光煥發地，握著形容枯槁的太太的粗手，說句：「辛苦你了，我真是沒有娶錯太太！」

此時糟糠之妻也會得意地覺得自己真是好女人，無愧於天地，將來作鬼也對得起夫家的列祖列宗！連續劇中多的是這種女人，所以大小男人就樂得從中學習性別角色楷模！

很不幸的，澄心不是這種女人，現代的現實世界中也很難找到這種偉大的女性了！

說了這麼多，其實湘勇就是希望澄心不要出難做的功課給他，不要給他添麻煩，這樣才是好太太，他所見到的男性，不論年長或是同年的，都在婚後將照顧母親與母親互動的任務，自動分配給妻子，不管妻子是不是樂意承擔，父母長輩叔姪姑嫂生病、生日、婚喪、年節等等都讓太太自己打理，認為那本來就是已婚女人應盡的義務。

澄心如果負起這些責任，湘勇就不會覺得對不起這些人，罪疚感水平就會趨於正常狀態，情緒就會平緩愉快，如果澄心拒絕了，湘勇就升起對媽媽的愧疚，然後又轉而生氣澄心害他覺得愧疚。

其實，當澄心拒絕湘勇的要求或是暗示，也會有罪惡感，她也覺得自己應該去負那些責任，出嫁前娘家爸媽曾經叮囑她要多做事少說話，才能得到公婆的疼愛；但是婆家人的慣常反應，又讓她越來越沒有意願去做那些事情。

於是，不論拒絕或是承接，都會讓心裡不舒服。

不願意的原因是多向度的，不能單單以對與錯，或是應該與不應該來評斷，這些都是錯綜複雜的婚姻網絡所滋生的衍生物，這些衍生物讓人不願意去做一些自認為應該做的事情，罪疚感就在其間流竄不已。

罪疚感常常被塞在高帽子裡頭，高帽子外面拼貼著孝順、長幼有序的倫理、責任義務等等堂皇義理，當你不願意戴上這頂高帽子，這些義理就會變成鴿子啊！兔子啊！老鼠、蟑螂！從帽子裡蹦出來嚇你，又翻身變成一條條的欲加之罪，欲加之罪攜帶著罪惡感，狠狠夾住你，於是你就不得不去做一些事情，急欲讓這些張力與責難快快消失無形，但是在做的同時，依舊是百般不甘願。

如果媽媽對澄心不滿意，不斷放出微辭，湘勇就會升起罪疚感，覺得對不起媽媽，認為自己不夠孝順，雖然有時候也會回頂媽媽幾句，替澄心辯解，那是因為對這些紛紛擾擾覺得不耐煩，而發脾氣，只是想讓媽媽閉上金口而已，並非真心替澄心辯解。

當然，他也為了結婚後，必須負擔這麼多麻煩事而心生厭倦，原以為結了婚就可以盡情享受美好的性生活與妻子的溫柔伺候；湘勇作為一個重男輕女家庭中的獨子，享受優惠的機會，實在多於付出心力，所以湘勇不習慣攬下家庭中的這些「俗務」。

因此，他不太情願自己擔起這些所謂孝順媽媽的責任，是可想而知的，更不願也無能力，在家庭中擔起疏通協調的任務；媽媽雖然是他的，從小卻都是媽媽在伺候他，姊姊在照顧他，湘勇認為應該是女人來伺候長輩跟小孩的，這種責任是太太應該自己扛，不然他娶老婆做什麼，況且女人家的爭執，男人只要眼不見，心不理，吵久了自然就沒事，老一輩的男人都是這樣說的，反正，女人嘛！心眼小，哪個不計較！

其實湘勇也沒什麼不對，這不過男人集體意識的一環，他只是跟父執輩的男人想法一致而已。

即使他覺得孝順媽媽的實際工作應該是太太替他作，當媽媽抱怨，罪疚感還是會冒出頭來，於是男性的自尊與罪疚感便驅使著湘勇去要求妻子，或是責怪妻子，罪疚感引出的後續故事，就這樣一刀一刀砍掉夫妻倆這幾年建立的信任與親密，澄心覺得越來越不認識湘勇了！

不只兩人的情感受到挫傷，兒子出世後建立的教養共識，也被好惜破壞了，好惜為了拉攏孫子，對孫子百般討好，完全破壞家中的慣例，好惜與堯堯的互動模式常常讓澄心覺得洩氣，湘勇也開始不自覺地用母親的模式對待孩子，畢竟那是他習慣的模式，他就是這樣被養大的。

以前討論堯堯的教養方式是他們親密關係的美好時刻之一，那是一種情感與理性的共同創作，攜手刻劃他們的愛情結晶。現在每當澄心想要討論好惜對待堯堯的方式，湘勇不是迴避，就是發火。

當澄心想與湘勇討論好惜對待堯堯的不妥，湘勇的潛意識就會覺察到自己的暗影，他也是這樣被養大的，所有澄心不希望堯堯養成的慣性與性格，湘勇發現自己都有，他知道澄心不是故意在影射他，也沒有貶低他的意圖；但是他的靈魂知道自己的跛腳之處，當久年的疼痛不經意被引出，痛的感知讓湘勇只想迴避，他不能去承認這些痛，他也沒有辦法在澄心面前，去承認這些自卑與無自信的根源，所以只能用情緒與高傲的姿態去防衛自己的脆弱，讓自己繼續沉溺其中。

然而，湘勇的表意識卻不知道自己為什麼會這樣，情境會引發埋藏於意識深層的按鍵，但是情緒的主人並不見得認識這些情緒，也不知道這些情緒從哪裡來？當這些情緒又出現，情緒的主人以為只要不再涉入某些情境，情緒就不會跳出來，所以迴避與抗拒變成面對情緒的唯一策略。

澄心不解，也找不到理由讓自己接受湘勇這種態度，連孩子的事情都不能溝通，澄心不知道還能跟他說什麼？

與憂鬱奮戰的澄心，不知道湘勇其實不希望跟妻子有任何衝突。

湘勇一直很害怕與別人發生衝突，每次的爭執必然地又加深湘勇的罪疚感，他沒有能力處理自己的深刻罪疚，所以，帶著罪疚的湘勇又讓自己與澄心更加疏離，不敢靠近澄心，也不敢接受澄心的愛意。

有時候罪疚感驅使個人有更積極的行動，倘若情緒的主人覺得自己根本無能做些什麼，罪疚感只會引發更多的緊縮與撤退。

女人的罪疚感

即使澄心認為問題都起因於好惜搬來同住，澄心對好惜也充滿了罪疚感。

畢竟她是先生的媽媽，是個長輩，也不是真的那麼的壞！澄心也不希望自己討厭婆婆，其實是衷心期待與婆婆有良好的關係，但是跟她同住，卻實實在在是一場精神折磨。

她曾經考慮過邀請湘勇一起去做婚姻諮商，湘勇或許會有所改變，澄心也可以發現自己的盲點到底在哪裡；

但是，好惜呢？澄心每每想到這裡，就彷彿撞到一堵牆。

離婚的念頭有時也會輕輕浮出水面，好似潛藏過久，必須偷偷地換氣似的。

如果離婚呢？不管堯堯有沒有跟著媽媽生活，對孩子也是有愧疚。

澄心仔細回想與湘勇的衝突齟齬，好像大多起於好惜說了什麼，或是做了什麼，讓澄心難過委屈，澄心按耐許久，終於向湘勇尋求支持，湘勇不是敷衍了事，就是發脾氣，然後兩個不喜歡衝突的人就用冷戰替代熱戰。

其實哪一個女人喜歡對著先生，說婆婆或婆家人的不是，再怎麼笨的女人都知道，不論說得如何委婉，都會讓先生很難堪，畢竟那是與他生活都多年的家人。所以，這些話在說出口之前，澄心都是幾經掙扎，也是忍了又忍，已經到了情緒的臨界點，才會說出口，那時候她總覺得自己好像是在背後說人壞話，對象還是自己的公婆、姑叔等等。

因此，說這些話的時候心中難免是有罪疚感的。

女人說出這些事情的意圖無非是想得到支持，以紓解內心的困頓，希望先生可以協助她改善這些令人不悅的情境，並不是真的期望先生去指責那個人，大部分女人也明白，興師問罪不可能解決問題。

不過，聽者可能不是這麼詮釋的。面對這樣的情境，先生的回應常常是不如人意，男人可能會有幾種反應，傷害性較低的，姑且可以叫做「摸摸臉型」。

他會溫柔地摟著太太，摸摸她剛煮好飯的油油的臉，說：「她就是那樣子嘛！你就不要跟她計較，我愛你就好了呀！」

如此一來，一些剛冒出頭的溝通問題與負面情緒就被這樣摸過去了，摸一摸，取代了事情與情感的實際溝通。

如果摸摸臉就可以讓女人暫且滿足地略過此事，通常是事情還不夠嚴重，還有忍耐的空間；女人的內心深處，對此雖然不甚滿意，因為丈夫還是有給予「表面」的支持，老公的愛暫時填了缺口，轉移了注意力，就好像肚子痛，先抹抹涼涼的萬金油，騙騙疼痛的肚子，但是痛因仍然沒有解除。

被摸過臉的女人，照例還是不能阻止侵入性互動的發生，特別是婆家人特意的言行干擾，於是，先生摸摸臉帶給她的滿足感，很快就被消耗殆盡。

這時候女人又需要先生的支持了，她心裡想，這些事情都是因為與此男人結婚而起，他應該要跟我一起分擔；但是，她又會想，「是不是我真的太小心眼了？」、「我又跟老公說這些，他會不會覺得我很沒肚量？他會不會嫌棄我？」

想到這裡，嘆了口氣！「算了，再忍忍吧！說不定我都不吭聲，她就不會繼續這樣了！」

女人們常常以為，只要順從乖巧，就可以成就家和萬事興的偉大志業，我們的教養文化教給女人最多的就是要乖乖要聽話，忍耐就有糖糖吃。

然而，一味地壓抑自己，非但不能讓自己快樂，也很難得到別人的尊重與肯定，太太在經歷煎熬的同時，先生大多是完全不知情。一旦有一天，太太發生情緒內爆（憂鬱、身心症）或是外爆（憤怒），先生完全不能接續太太所經歷的事故，太太一直處於情緒的風雨中，先生卻以為一切都是風平浪靜。當然也有男人故意視而不見，假裝不知道一切！

在爆炸的臨界點或是引爆後，就可能發生「槌槌頭型」反應。

其實此男子年少時，家中的阿媽、阿公、媽媽與爸爸，早就已經演過無數這類的戲碼，孩提時處於這些紛擾中的不安情緒又被激起，所以新仇舊恨翻騰而起，心中莫名煩悶，懶得摸摸太太的頭，也懶得為媽媽解釋，就拉著一張臉說：「她不是那個意思啦！」、「你在無事生非！」、「你怎麼這麼卑鄙，誣賴我媽媽！」

他心裡想只要罵太太一頓，把這些事端壓入水中，就不需要去面對。

此時，女人之前的憂慮得到驗證，先生真的嫌棄她，果真跟他們站在同一邊，原本飽受煎熬傷害的身心，被狠狠再次撒上鹽巴，還被一腳踹下懸崖。

此時，捧著破碎的心等著丈夫替她修復的女人，又傷心又氣憤，心想：「我為了這個男人才來受這裡委屈，他竟然說這種話！他還愛我嗎？」

沒有人站在她這一邊，連這個結髮男子，都把她當作是外人。

但是這些只是皮肉傷，真正嚴重的內傷是女人對這些對話的重複詮釋，以及這些話所激起的罪疚感，對女人的自我認同產生微妙卻強力的效應，不斷地在意識中激盪，製造出無邊的臆測與情緒。

她問自己，先生真的認為我在造謠說謊嗎？他真的當我這麼小心眼嗎？在他眼中的我，難道就是這種面目嗎？如果他認為我這麼差，那麼，他還愛我嗎？

然後，在往後的日子裡，這些問句就會不時浮現，她會問自己，「我是真的這麼小心眼，不能包容的女人嗎？」，「我付出了那麼多，難道不值得婆婆對我好一點嗎？難道不值得他們尊重我嗎？」

在自問自答中，她漸漸扭曲了對自我的正向認同，「或許我真是這麼不好的女人吧！所以，婆婆的那些批評也是對的！被這樣糟蹋，這是我應得的！」

長期處於負面的評價中，她被迫相信了別人送她的負面標籤，她握住別人射來的箭，不斷刺向自己，就像某些受虐的孩子，他會向警察、社工員說，「是我自己不乖，才會被打！」而他也真的深信自己不值得別人對他好。

然而，她又是一個成人，記憶中也有過去別人給予的好評價，她並不願意認命地認為自己那麼差！所以她又希望能夠說服自己，「我是好的，我是值得被愛的！婆婆不能愛我，應該不是我的錯！」

在婚姻的氛圍中，或是在婆婆與先生之間，因為各種負向的刺激，讓這個女子心中矗立起一道道對立的牆，在「我是好的」與「我是不好的」之間擺盪，心識意流忙著奔波在無數對立的牆，所造就的迷宮中，激起無數情緒洪流，怎麼也找不到出口。

男人可能會在看見太太非常沮喪時，覺察到事態嚴重，或者，覺得自己這樣的態度，好像也撈不到什麼好處，所以又用摸摸臉的方式，想用最不費力的手段平息事端，但是，事情展演到這般境地，摸摸臉已經不能讓女人覺得被支持、被理解，女人需要男人願意真正一起面對問題。

當男人想用摸摸臉矇混過去，卻不被身心俱疲的太太所接受，可能轉而惱羞成怒，又用槌槌頭的模式應對，婚姻中的衝突，遂以此模式循環不止。

女人可能變得防衛又攻擊，以便捍衛自己的正向認同，防止自己像螞蟻一樣被他們踩死；也可能變得退縮憂鬱，進而徹底地認命，因為她完全接受了對手拋來的污染，自我價值感死傷慘重。

無論結果落在哪裡，受傷的其實不只是女人的心，夫妻間的感情被狠狠地掘了根基，更嚴重的，溝通的意願已經關閉，愛情的一隻腳已經踩進墳墓中，情感互動的閘門已經銹壞。

在這期間，所有平凡人會有的情緒，都會出場演出，但是最重要的串場角色就是罪疚感。

姑且不論婆婆表現如何，罪疚感讓先生不願面對真正的問題，罪疚感也讓女人不敢向婆婆表達自己的想法，海面上可能風平浪靜，海面下卻驚濤駭浪。

罪疚感搭著道德列車，告訴女人，「結婚後，不能頂撞，不能表達，要聽話，才會得到疼愛！」

所以婆婆也不知道媳婦在想什麼，更不明白自己做了什麼，她的婆婆以前也是這樣當婆婆的啊！（她現在當婆婆的方式也是學自婆婆），她想不通媳婦為什麼常常給她看一張大便臉，到底是哪裡對不起她？

除非是遇見一個處心積慮要趕走媳婦的婆婆，除此，婆媳問題都應該是有解的。

有些婆婆雖然惡劣難纏，卻也不是真的希望兒子離婚，將媳婦掃地出門。所有問題幾乎都出在一些似是而非的傳統觀念，以及這個家族與這個老年女人過去的愛恨情仇，讓關係中的人都變成又瞎又聾又啞，男人不敢對雙方清楚表達立場，女人不敢對婆婆說出自己的感覺與意見，婆婆心中更是塞滿過去的委屈與一些不可動搖的規矩。

這些角色形成三個點，頂點由烏龜佔領，通常有一隻男的烏龜（有時候公公會參一腳，加上一隻老烏龜），基座的兩個角，一個充滿肢體語言與面部表情的啞巴媳婦，另一個是肚子老是脹氣，又抱著大半輩子的「應該」，盯著別人一定要照表操課的婆婆。

這個問題如何解？其實很簡單，只要讓三角形的線段連起來就通了，說穿了就是每個人都應該勇於丟掉應該，做最美好的自己，用清楚明白的表述、柔性的堅持、彈性的認知與行事，作為溝通的手法，努力地看見、聽見自己，更能夠看見、聽見別人，繼而用觀看與傾聽，織成理解的線，把點串起來，讓三個點變成三角形，進而變成一個可愛的大圓圈。

當澄心極度灰心的時候，也曾萌生離開這個家的念頭，她想：「既然容不下我，那只好是我離開！」

但是她猜想婆婆一定不會讓堯堯跟著她，甚至不讓澄心再見到堯堯，也會在成長的過程中為堯堯塑造一個壞媽媽形象。

生兒子的慶幸尚還溫熱著，現在卻後悔當初生的不是女兒，如果是女兒，婆婆可能不會堅持要孩子。

婚姻走到這樣的地步，就算不離婚，對兒子好嗎？這樣的互動模式，對孩子有什麼影響？一個抑鬱的媽媽，能給孩子什麼？

她回顧著自己的成長過程，父母的爭執、奶奶對母親的詆毀、父親的暴躁、母親的隱忍，像是掛在生命中的一串串鏽黃鐵片，一起風就響起不悅耳的聲音；看看湘勇，也是苦於父母烙下的刻痕。

當澄心懷了孩子，就暗暗對孩子與自己許下承諾，絕對不會讓孩子再承受這些家庭創傷，所以她很用心地經營親子關係，特別注意堯堯情意模式的發展。澄心想，除非現在的困境能夠紓解，湘勇與好惜能夠認知到現實的嚴重性，願意大家一起努力，尊重所有人的意願來經營這個家，不然即使為了維持一個表面完整的家而不離婚，澄心都覺得對堯堯有深深的歉疚，因為這將只是一個為堯堯鑲嵌遺憾的家庭。

澄心兀自思索著，還有沒有機會打開這個僵局？

可以解下與獸相銬的長鏈嗎？
天　靜默不語
天　無我以對

我心絕覺　自斷腳邊縛綁
願歸牠自由　歸己自由
環腳的烏血化作刺眼的
有無數我的圖騰

一個我　一個痛
如繁星的我　為我的罪
日夜不停自罰
上蒼何不憫我
赦免我的罰？

天　兀自靜默
已自斷縛綁
何來懲罰？
何來我得以憫之？
天　無我以對
我　乃眾生自繪之圖騰

今生輕盪悠遠
又與你相遇
今生愛已無染
願解你縛綁　願你自棄沾染
今生願無染無縛
執手織愛
願嗎？

天　無我以對

大概曾經相遇過吧
依稀記得你腳邊的縛綁
記得我的嗎？

縛綁穿上頑強　喬裝成力量
躊躇著我們的手
牽不到對方
在生世流轉之間　相遇又分離

愛戀輪迴豢養著一隻叫做罪疚的匍伏巨獸
牠總是緊挨著腳邊
今生　我
循著牠
又嗅出了你的氣味
而你　頸上的戀
閃著紫黑色的血腥

如過往的流轉
再一次離開你
我問天

實作練習——正功能的罪疚感

適當的罪疚感是慾望與行為的平衡機制，正向罪疚促使傳達愛意的意圖，因為有愛，所以對自己的不當行為感到歉疚，藉由表達罪疚而傳遞情感。

高度發展的正向罪疚感，可以形成一種無特定對象的大愛，因為對世界悲憫，所以激發一種想要「完整自我」的願心，這種願心是靜定、纖細又精緻，它出自一種單純又內發的驅動，行動者沒有被自己與他人所強迫，心中更無二元對立式的思維與情緒，正向的罪疚所驅使的思緒與行為，不論對象是誰，都自然泛著一股或濃或淡的慈悲。因為罪疚而滋生愛人的動機，也因為有愛，在觀看他人時，心中泛出罪疚意識，進而引發積極的悲憫行動。

簡言之，正向的罪疚意識來自根植於絕對真理的堅持，一般人所持有的跳動罪疚則是來自二元對立的心理張力，這樣的罪疚是波動的，也受到恐懼所驅使。

或許你已經有一點瞭解我要說什麼！我們懷抱著罪疚，是因為心裡面總有個期盼，希望眼中所及的每個人都幸福快樂，也深深期許自己時時都能將自己安置於慈悲氛圍之中。

正向的罪疚，是慈悲愛人能力的根源

此時，罪疚就是慈悲能力的基本元素。

罪疚感其實只是為了「維持」我們愛人與愛己的能力，不讓這些能力因慾望而減損，並不是為了討好父母，不是為了取悅他人，不是為了獲得某種讚美與名譽，只是為了讓你維持愛人的能力，以自己的心為發射點，與世界維繫美好的關係。

如果罪疚感只能用在克制與壓抑自己的慾望之上，或是僅僅協助你嚴謹地自律，這樣的罪疚意識只能加深你內在的矛盾與對立，進而加強你與生活世界的對峙關係，它無助於生命的展演！

罪疚感原來應該是正功能的，但是在成長過程中，罪疚成分中的愛，被恐懼所替換，我們體貼別人原是為了關愛我們所喜歡的人，卻演變成怕別人嫌惡我們。

努力投入學習，原來只是為了學習如何適應社會生活，在學習中滿足探索生命與世界的慾望，但是在父母的威脅利誘下，學習卻變成為了爭得學歷，為了把別人踩在腳底，以便自己得以出人頭地，深恐慢了一步，將萬劫不復永不超生，更甚者，覺得沒有達到某種成功境界，就愧對父母。

為了不讓罪疚感氾濫，所以就拚命努力往前衝，罪疚感如同意識中一條流著口水的惡犬，終生都在追趕著你！

這樣的罪疚，永遠在驅動一種等別人的讚許、恩寵與拯救的生命狀態，腦中只想要累積更多的擁有，以確保能夠安全與被愛，卻無法讓一個人真正地去愛著自己，進而愛著他人。

罪疚意識，依賴教養的鑲入

罪疚意識的鑲入，倚賴家庭中的教養模式、學校中的教育機制與社會教育系統流洩出的種種意義符碼。

在任何情境中，我們必然動用認知系統去詮釋情境，罪疚感是情境詮釋後的細微結果。

另外一方面，教養其實就是一種建構認知的過程，透過教養，社會的規範、人類的德性、生命的價值觀，一條一條被鑲嵌在孩子的認知系統中，孩子便以所承受的教養，來因應生活世界的幻化。

我們姑且以打罵與非打罵式教養，來切入教養過程所鑲入的罪疚感的差異。

說教、討論、謾罵、體罰、羞辱都具有植入與加強認知的功效，可是屬於同一標的的認知，用不同的方式植入，使得事件再次發生時，所啟動的思維與行動，因植入方式的差異，而有極大的不同，我們就「偷竊是不對的行為」這個認知來深入剖析。

小平在商店看到一個很酷的手錶，於是昇起很想擁有的慾望，引起慾望的認知是：「有了這個手錶，同學一定會羨慕我，我的人緣會變好。」

這個認知又是來自媒體不斷鼓吹的想法：「擁有流行物件的人，才是厲害角色！別人才看得起你！」

或許他的父母也以身教表現如此的認知，譬如曾經說過：「要穿得稱頭，親戚才會看得起我們！」

但是小平口袋裡的錢不夠多，也認為爸媽不會買給他，當時身邊沒有其他人，於是他動了偷的念頭；這時候他又覺察到另一個認知：「偷竊是不對的行為」。

小平最後是不是會採取偷竊的行為，就看「擁有手錶，將被看得起，我需要這個手錶」與「偷竊是不對的」兩個認知之間的競賽。

如果小平從小被打罵到大，或者老是被教養者與老師羞辱，關於偷竊的認知就是「偷竊是不對的，因為會被爸爸打罵，會被罵死，也會被退學」。

當他對偷竊的認知是如此，又被打罵成低自我價值感。一個自我價值感較低的人，通常都不敢肯定自己，更需要仰賴外來的肯定，所以更需要同學對他的注目（他可能不認為父母、老師會給他好評，所以放棄對他們的期待）。

況且，一向以打罵制約他行為的爸爸根本不在現場，小平人又在校外，被老師發現的可能性暫時不存在，在當下「被肯定的需求」大過「怕被爸爸打死與被退學」的恐懼，最後小平趁沒人注意，就動手去偷那隻又酷又炫的手錶。

打罵恐嚇教養所形成的罪疚感，是立基於深刻恐懼，所以恐懼源（父母、老師、警察等）不在當場，或是懲罰不會立即現前（他只怕當下的刺激，想像不了明天的惡果），他的罪疚機制就不能發揮作用，所以這種人一時念起，就會殺人不眨眼，偷搶掠奪也不覺歉疚，因為此人罪疚機

制的開關是安裝在別處，並不在自己意識中，罪疚意識需要由別人來啟動，自己不能打開它。

如果父母是以平等的討論，與互動式的宣說，來告訴他關於偷竊到底是什麼樣的行為，為什麼不能去偷竊，道德上的原因、法律上的原因，就個人情感而言，為什麼我們不能去拿不屬於我們的東西？以及，為什麼某人會用偷竊做為解決問題的手段？

有一天，當他昇起了想佔有別人東西的念頭，鑲入罪疚機制中關於偷竊的認知，自發性地啟動，他或許想起了小時候與媽媽的討論，或許想像了做了此事對別人的影響與傷害，想像做了此事之後，自己將討厭自己，看不起做錯事的自己，他並不害怕被外力處罰，而是他希望自己能夠認定自己是個良善的人，也相信自己是個良善的人，所以止息了佔有與害人的慾望。

小平的例子或許喚起你在童年期所接受的教示，讓你一時之間瞥見意識中被偽裝的罪疚情緒，小平在偷竊的時候，他的罪疚意識並沒有引發正面的作用，僅僅形成與其慾望的對峙。

不幸的是，在我們唯一的童年與青少年歲月，家庭與學校賦予我們的負面罪疚感遠大於正面，這些負面罪疚感大概可分為五大類，請以這些類別去檢視在你的情緒圖譜中的罪疚意識系統。

角色任務產生的罪疚感

社會文化對角色任務有一定的劃分，最基本的就是父母與子女的關係。

父母可能自認為對子女有天生的權力與權利，子女不順服父母就是不肖、忤逆，即便有些現代父母口頭上說可以接受孩子有自己的意見，也可以接受他們不順從父母，其實，這些大多是在難以駕馭掌控孩子之後，只好勉強接受現狀的無奈說辭，在這種心態下，父母仍舊不會放棄藉言語灌輸罪疚感，以此行為消極地平衡自己不能控制孩子的不安全感；相對的，有些孩子也認為父母本來就應當供應一切他想要的，當父母不給他所求，就刺激父母的罪疚意識，以情感做為勒索的工具。

這些情緒的往返勒索都是立基於「何謂父母」、「何謂子女」的刻板角色認知之上，如果角色認知具有相對彈性，不是由無數僵化的應該構成，罪疚感就不容易在關係中被當作操控的籌碼。

角色任務的罪疚感也可能被性別化，男孩／女孩、丈夫／妻子、公婆／媳婦、兄姊／弟妹等等，美其名為長幼有序、親疏有致的僵化角色分配，只是造就了人際間的對峙與自我人格內的對立。

男孩如果愛哭或是常常真情流露，性別角色刻板的大人就會說一些話讓他覺得很羞愧，小男孩怕被羞辱，也希望得到讚美，於是開始壓抑自己某些情感的表達。

女孩如果不喜歡學習烹飪等女人應該會的事，父母就會說一些「不像女孩子」、「以後會嫁不出去」、「會給公婆嫌棄」、「捧不起別人家的飯碗」、「栓不住老公的胃，老公會外遇」等等，又是恐嚇又是貶低的話，這個女孩或許因此開始努力學習女人該做的事，恐懼感迫使她更改自我價值系統中的行為序位，壓抑原本的面目，罪疚感則在她學得不夠好、做得不夠多的時候，跳出來修理鞭策她。

如果她依舊我行我素，旁人仍舊不放棄積極拯救她，這些話還是不斷地被放送，她的認知將在對抗這些輸入的同時，也隱然接受這些教誨，對立的認知將同時存在著，她會「偷偷地」認為自己是個缺一角的女人，當然是罪疚感忠實地在被遺落的角落上站崗，有心人就可能抓住這點對她進行情緒恐嚇與勒索。

如果做為家中唯一的男孩，更是從小就被灌輸「你是家族唯一的支柱」的觀念，這個觀念圍繞著做為獨子應該成為一個什麼樣的人，負擔什麼責任，可以享有什麼特權，等等一卡車的條例，這些條例編成一條長長的罪疚繩索，拴住這個男孩，將可見與不可見的生命活動，都限制在一定的範圍內，如果又遇到一對很會操弄罪疚繩索的父母，這個男孩就無時無刻不處於罪疚狀態中。

同時，傳統重男輕女的資源分配下，這個男孩雖然得到較多的資源，卻也被罪疚意識給閹割了，大部分這種男人長大後，可能自認為在家庭中擁有絕對的權力，卻無能面對衝突與困境，便常常躲藏在權力龜殼裡頭，被罪疚感折磨著。

基本上，角色的罪疚感是以文化為範本，植基於被社會廣泛接受的意識型態中，需要用巨觀

的角度檢視，才可望破解。

如果你正被這些罪疚所折磨，請藉此將隱藏性的罪疚提昇到表面，認真地再次檢視它，評估這些罪疚造成生活中哪些負面的影響？

譬如說，你對父母的罪疚感，是否打擊了你與配偶的感情生活？你是否對父母有著罪疚感，卻又無能採取積極行動消除它，只是消極應付或是逃避？或者你老是只能藉由怪罪別人，以發洩罪疚情緒？

如果你對某人有罪疚，這是你與他之間的課題，與其他人都無關，你必須要運用勇氣與智慧，就你與他之間，釐清罪疚的真正根源與面貌，讓你的罪疚感驅動有效的行動，如果進行的是有效行動，行動之後將帶給你與他莫大的滿足與喜悅，而不是更多的罪疚，或只是暫時鬆一口氣。

提醒你！如果永遠作縮頭烏龜，只會引來拿著刺刀，想把你的頭戳出來的人！

對身體的罪疚感

我們對身體外貌的認知也有刻板的劃分，男人應該強壯，有肌肉，比一般女人高胖，女人應該要纖瘦，凹凸有緻，比一般男人稍矮略瘦。如果生得相反，男人會被認為是娘娘腔，嘲笑當然是難免的，女人如果長得並非玲瓏有緻，而是肢體粗壯，一定被男人嫌棄，或成為團體中男性嘲諷的話題。

這些與所謂的「標準模式」有差距的男女，對自己的身體都有種莫名的羞愧與自卑，於是驅動他們企圖改變自己，所以健體、減肥、塑身無所不試，或者，她／他放棄了改造自己的念頭，所以也認為自己不值得被愛，沒有人會愛她／他，自斷追求幸福的期待。

有些人並非體型不佳，而是過於挑剔自己的外型，此種人也容易批評別人的長相與身材；有些父母很喜歡批評諷刺正在成長的青春期子女，或是否定子女的流行裝扮（這些行為擺明了就是在複製過去父母的言行，同時發洩當時不敢對父母爆發的情緒），這些言行都深深打擊了孩子建立成年身體的正向認同。或許媽媽在女兒試穿衣服時，說了一句：「你穿了這件短裙，滿山兔子跟著你跑！」就此害女兒永遠不敢露出小腿；或是批評兒子的青春痘臉，讓兒子沒有勇氣追求喜歡的女孩。

如果你喜歡批評別人的身體，是否正反映了你對自己外表的嫌棄？

你對身體有哪些嫌棄呢？試著建立不與自己對立的身體認知系統，在身體健康的大前提之下，接受自己的外型，在鏡子前面靜靜地站著，試著從頭開始欣賞自己。

看自己的眼光如果轉變，看別人的視角也跟著不同，你將更容易喜歡別人，別人當然也會更喜歡你，你的世界能不更炫麗嗎？

瘦身塑身之前，先重塑自己看世界的大眼睛吧！

對情慾的罪疚感

情色一直是不止息的社會活動，又是不可說的幽冥國度，身體是情色的基地，所以關於身體的情色意涵，也被打入幽冥國度中，不過這幽冥國度卻是生活世界不可或缺的一部分。

因此，關於情慾的認知對立是最嚴苛的，所生的負面罪疚意識也是頂級狀況。

自青春期，身體開展成熟的性象徵，我們就步入情慾的戰國時期，欣喜又羞愧，享受又自慚，渴望又壓抑；於是人們自從有了情慾，就必須學會，如何遊刃於檯面下情慾的現實，以及檯面上情慾污名的二律背反之中。

這個社會對於情慾的規範是嚴苛的，在實踐上卻是義無反顧。

關於情慾的歷史、文化與心理介面的討論限於篇幅，在此不多談，我們只討論自我與情慾的對立認知所造成的負面罪疚。

或許我們可以假設，父母耳提面命不准子女有婚前性行為，可能是來自年輕時性慾實踐的罪疚感，滿足了情慾衝動，卻贏得滿腔的罪疚，年輕時的爸爸可能因為逞一時之慾不得不娶了孩子的媽，既愧疚又後悔，青春時的媽媽將寶貴的處女膜奉獻給那位情慾賁張的男子之後，就認為自己不再完整，她的身體是殘缺又不潔，此生只好委身於他，她的母親說沒有好人家會要被睡過的女人做媳婦，即使發現所託非人，也只好認了，「誰叫自己不守婦道不懂潔身自愛呢？婚姻不美滿就是我的報應！」

如今滄海桑田，無能重新規範自己，只能規範兒女以企圖消弭張狂數十年的罪疚意識。當然也有年輕時嚴守戒律的父母，如今很幸運地婚姻幸福美滿，所以更篤定過去所堅信的真理，有時候性壓抑，變身成為婚姻幸福的基礎因素。

此外，一個年輕男孩常以自慰滿足生理的性衝動，滿足後又因性慾而深深羞愧，因此影響他成年的性生活；當他的性表現不如男性文化所鼓吹的模式，深深的羞愧也瀰漫在男人的靈魂中，因為他不具足男性的勇猛功能，無法用完美的性能力征服女人，所以他可能因罪疚而衍生自卑，進而在關係中更加退縮，或者暴戾無常、拳腳相向。

若媽媽告誡一個逐漸成熟的小女孩，有性慾又享受做愛的女人是淫蕩的，而這個女孩又對母親的話深信不疑，必然將自己的性慾詮釋成罪惡不潔。待成長後，當她從性愛中得到歡愉的同時，罪惡感也同時來到，為了抵消這個罪疚感，她可能會以生育做為性愛的正當理由，當生育不再是重要任務，她也不敢讓自己在性慾中得到滿足。為了消除罪疚感，不再與先生有性生活，夫妻分房、分床，日益疏離，如果先生不滿意如此，接著，就有一連串罪疚引發的戲碼，許多夫妻情感的疏離與外遇事件都是起因於此。

你或許會說現在的年輕人對性很開放嘛！怎麼會有罪疚感呢？

如果他的父母仍舊將性視為不可說的幽冥國度，仍舊不能跟孩子直接談論性的議題，頂多只討論生理性知識與條件式的保護措施，無法與孩子討論自身的情感與情慾經驗，這些孩子就沒有機會從父母那邊學到統整性的情慾的觀念，更無從學習情感與性慾之間的關係，也無法處理自己與情感／情慾對象的關係，遇到問題的實際協助，更不可能出現，只好自己瞎子摸象。對性這一回事的二元對立遐想就得到傳承，表面演出的是一套，實際的活動又是另外一回事，但是孩子們還是會記得父母教的許多「不可」，以至結婚後在家庭中演的是一套，家庭外演的又是另外一套，心理的對立就經常陰魂不散。所謂的「性教育」，結果常常慘不忍睹。

近年來，很多人在一些號稱「雙修」的靈修團體，解放了性壓抑，這樣的紓解是很危險的，對自身性慾的對立認知沒有得到轉化，反而另闢蹊徑來滿足情慾，只會造成更大的對立與沉溺。

當含著罪疚感與性滿足離開雙修的所在，他／她（女性特別會如此）為了再次得到心理與生理的滿足，也因為另一股更強的驅力——罪疚感的騷動，為了證明性滿足有正當性，以降低騷動的罪疚，所以一再嘗試，像是企圖對自己高漲的性慾，證明些什麼。但是罪疚在你膽敢直接面對它之前，不會因為這些行為就甘願消失，反而因嘗試越多而越來越強，於是沉溺於不同對象的性滿足就難以終止。

如果你對性有罪疚感，試著一條條寫出，你對性慾與性行為的觀念，可以分為情感與行為來分析。

情感的，譬如，當你無端升起情慾時，有什麼感覺？當有人激起你的情慾，除了慾望沸騰之外，你有什麼感覺？這其中有多少負面的情緒？這些感覺又讓你對自己有哪些評價或是看法？

將潛藏的罪疚情緒浮上表意識，你才可能在原有的情緒上，進行認知與情緒的轉化。你可以自己提出更多問題問自己！

行為上，當你在性行為進行前後與期間，你會不會有無端升起的罪疚感或是羞愧感，請你分析罪疚感的成分。譬如，你覺得自己不正常，覺得羞愧，覺得自己不該享受情慾，覺得自己對不起父母，覺得自己很齷齪，覺得很沮喪等等。

此外，這些罪疚感可能來自你自己的情緒基因，也有可能是對方態度所引起，這也必須去區分。

為自己而活的罪疚感

很多女人不敢只是為了讓自己快樂，去做些什麼，買件漂亮衣服讓自己高興一下，就要舉著「女為悅己者容」的牌子，撒嬌糾纏地問男人喜不喜歡，才會心滿意足，生命中所有的行動都必須以取悅某些人，或是成就某些責任為目的，否則就不敢允許自己去行動，打扮是為了讓先生有面子，自我成長是為了變成一個更夠被讚賞的媽媽與太太。

倘若是為了自己，就太令人羞愧了！這個社會總是不允許一個人只是為了自己的快樂去做些什麼！

為了安撫不時升起的罪疚感，總是被迫找一頂大帽子來戴，把自己小小的慾望藏在帽子的夾縫裡，夾帶過關。

男人也是如此，即使只是為了讓自己更稱頭，更有男性魅力，而去買了些什麼，做些什麼？也要說是為了專業形象，或是為了生意，為了賺更多錢養家！

難道男人就不能因為只是渴望別人的注目而裝點自己嗎？或是只為了自己喜歡，而去玩樂？當然不可以喔！這樣的男人太自私了，養家活口才是男子漢的終極任務，爸爸媽媽從小就告訴他，男人的快樂就是建立在雄壯威武地扛著家庭經濟責任之上！

但是追求快樂，就像肚子餓了，就需要吃點東西一樣，很難禁止自己去滿足這些需要，即使有很多應該與不該的陰魂，緊緊跟在屁股後面，我們還是想盡辦法，把罪疚感狠狠塞進皮箱，拖著皮箱，轉身追逐肉體、心智、靈魂與靈性的滿足。

在滿足自己的當下，我們害怕有人說我們自私，說我們只為自己；為了自己而活，實在是有違中國五千年文化的教誨。所以，在從事為自己活的行動時，就要假裝不是，拚命否認，用力扯謊。

這無法抗拒的壓力，來自社會充斥著對「為自己而活」的誤謬污名。所以當男人為自己的事業野心，而忽略家人的時候，他會說：「我是為你們辛苦奔波！」、「我是為了榮耀你們！」

男人從不願意直接去承認這些為了滿足自己慾望與野心的行動，他不敢承認自己想稱霸天下的慾望，家人也不願意正面去承認這個男人諸多為了自己的慾望，只是一味地互相索求、責難，整個家庭的互動，穿梭在矯飾的謊話當中，家庭成員於是被迫生活在謊言虛構的世界當中。

其實，想稱霸天下有什麼錯？誰沒有雄心，但是以欺騙來矯飾得不到支持！不敢承認，是因為他假設別人不會支持他，假設自己本來不該有此心，也可能因為他是真自私，無心顧及他人，所以怕人識破。

最隱密的因素是，一旦承認是為了自己，等於將私密的自我，赤裸裸地攤在家人面前，而這個光溜溜的自己是無法被接受的，他怕因此而失去了先前那些理所當然的姿態，也怕自己不敢正眼看著自己，所以他以各種說辭與情緒掩飾那些為了自己的慾望。

可悲啊！「為自己而活」的強力污名，讓人專注於慾望實踐的同時，不敢也不願承認自己的慾望，內在與外在的對立，在這些閃避中滋生，儼然像一場打不完的躲避球賽。

「為自己」如果不被允諾，生活中的點點滴滴，因此被塞入諸多兩難的夾縫中，罪疚感在夾縫中氾濫著，覺得自己不該，卻又極想要，情緒被安置在起伏不已的翹翹板上，為了滿足自己，也為了維持心理適調機制的平衡，於是製造更多假面，去裝飾自己的慾望，也裝飾因慾望而升起的罪惡與愧疚感，以為這樣就可以騙過自己，也騙過別人，人的面目因此而愈加虛假，本來只想著上一層薄薄的粧，最後卻是重重疊疊地黏成一具石膏面具。

其實只要互相都願意承認為自己而活的正當性，這些矯飾、謊言就不需要出現，抉擇的兩難也將減少，互相的索求與要脅，將轉換成親密的理解與支持。

事實上，哪個人不為自己？明明是為了自己，又不敢承認，怕被貼個自私標籤，所以就把「為我自己」，改裝成「為了別人」，再去要求那個被你選上的倒楣鬼，應該為你而活，結果就勾畫出一幅一群假面人相互掌控勒索的圖像。

當你想要滿足自己，罪疚感又發揮力量，不准你去行動，即使准了，又不敢讓別人知道，只敢偷偷進行。

倘若，仍舊堅持不准自己，生命還是得繼續走下去，所以就只能藉由掌控別人來滿足自己，這些夾縫中發生的忙碌往返，也是負面情緒滋生的溫床，消耗正向能量，又製造更多負向能量，負向能量也滋生慾望，驅使更多盲目的行為，以求取滿足。

你為自己設定了這麼多「不該、不准」的污名，生活中必然充滿了閃躲污名的動作，你會有多忙，是可以想像的！

仔細想想這些罪疚感為你製造的忙碌，當你必須找個藉口或是說一個謊話，要花多少精神與時間去構思？之後又要花多少力氣去維持？當你不能容許自己對自己好的時候，你又要花多少力氣要求別人讓你快樂？

破解這些迷思，其實就等同於重整你的生活世界，你將重獲一個不一樣的生命！

做錯事的罪疚感

是不是不容許自己犯錯？是不是被嚴苛的照顧者養大的？是不是總是害怕自己會失敗？也總是不例外地相信自己不會把事情做對？如果是，你就是那種被做錯事的罪疚感，牢牢綑緊的人，強迫自己任何事情都要做到最完美，恐懼別人看出你的遺漏或是錯誤，一發現做錯什麼，就把自己卡在那裡，捨不得離開，不斷譴責自己，或是找個替死鬼來怪罪。

當一個人如此對待自己，也就不由自主地這樣對待週遭的人，特別是家庭內的成員，於是他就一天到晚忙著挑人毛病，以各種名目「教示」他人，教不成就用罵的，他像個差勁的指揮者，成天都演奏著折磨人的樂章。

很多憂鬱者都是被深深的罪疚感所折磨。

一個憂鬱的媽媽，戴著母職的大頭套，不敢承認自己努力的成績，眼裡總是看到自己的錯，總是覺得自己做得不好，孩子養得好，是他自己長得好，孩子若生病犯錯，媽媽就一把攬在身上，「都是我不好，我沒有能力做個好媽媽！」

當一個人太過害怕做錯事，他可能會退縮憂鬱。個性原本就強悍的人，則會變得攻擊防衛，一覺得罪疚，就非常生氣，像刺蝟一樣攻擊靠近的人，他會預期別人要指出他的錯，所以隨時都很緊張防備，也會先批評別人來堵人的嘴。

如果你正被這種罪疚所折磨，有幾個問題請你問自己：

你的腦袋裡，是不是有個人，時時都拿條鞭子等著鞭韃你？

找出那個人！或許是你爸爸，或許是你媽媽，如果現實中沒有單一個人可以吻合你腦袋中的打手，想像此人的性格與對你的要求，試著將此人描繪出來，讓藏鏡人現身！

如果你覺悟到此藏鏡人對你有百害無一利，請他走路吃自己吧！如果藏鏡人就是你父母的化身，除非你很喜歡被罪疚感控制，否則就勇敢告訴自己，你已經長大，用你的意志力解脫這些制約。

再來，如果這個人不住在你腦袋裡，而是活在你身邊，他喜歡藉由指責你，讓你動搖，使你罪疚，來驅動你違反自己的意願以滿足他，以你的罪疚感來勒索金錢、情感或是其他東西，此時，你該如何應對？

首先，當你面對這些情境時，真正感覺到不愉快，才會有意願去改變，如果你安於現狀，深信這些指責與勒索都是愛的表現，就不需要再讀下去了。

當你的罪疚被他的言行所驅動，同時又覺得很不悅，請你觀照自己，常常是他的那一句話或是行為激起你的罪疚感，而這個罪疚感的成分又是什麼？你覺得羞愧？或是覺得對不起他？或是覺得自己很爛？

接著反問自己，你真的應該羞愧嗎？應該羞愧的是你，還是他？真的很爛的人，是誰？

答案不在絕對的一方，我們不需要在關係中贏得勝利，而是要找到合理的解決途徑。

這些罪疚感或許都只是一團迷霧，請用你的觀照能力，結合你的情感與理智，把迷霧吹散，找出可以顧全雙方期望的解決方式，不要被對方牽著鼻子走；妥協不能解決問題，只會破壞長期的關係。

參考上述的多種負面罪疚感的描述，發現自己現在被挑起的罪疚是來自哪一部分？或是哪幾部分的綜合體？

最後，罪疚感是必要的，是個人與社會的邁向統整的催化劑，但是罪疚卻在文化代代相傳中被扭曲了，被戴上各種面具，作為操控的手段，罪疚被個人收藏起來，內化成負面的人格特質。想要讓它恢復本來面目，只有一條路可走，勇敢將蓋住的王牌，翻過來吧！你將看到自信聰慧的國王與皇后，當然囉！那就是原本的你！

摘自《你可以更靠近我——教孩子怎麼看待生命與死亡》，張老師文化出版。

第十二章

慈悲待己，無礙愛人

「你看不到愛情、羨妒、驚疑、慈悲、洞見、意向、價值或意義，在經驗世界中跑來跑去。內在的事件，無法以外在或是客觀的方式看見，只能透過內省或是詮釋來領會，肉身之眼，在此不足為訓，還要加上心靈之眼。」

——肯恩・威爾伯《靈性復興》

人，不需要改變

人，需要改變嗎？

我常常很肯定地告訴發問者，人是不需要改變的。

你需要做的，只是肯切地觀照過去與當下的生命，以觀照所得去轉換當下與未來。

你需要改變的，只是讓生命產生負功能的思考模式、期望設定以及行為慣性；這些學習來的一切，污染了你的本初自性。

而你，身為一個人，本來就俱足一切完好，無需為了誰，丟棄你原有的完好。

需要改變的不是你，而是附貼於你之外那些的種種。

觀照的功夫可以幫助你照見自我，看見栓在生命某處的枷鎖，發現塗抹於某處的污濁，摸到傷口上結成的硬痂，知道這些附著在生命表面的，原本都不屬於你，在這些附著之下所存在的，是你下生此娑婆世界的那一刻，就擁有的真如純淨。

你所必須做的事情，只是解開原本不屬於你的枷鎖，洗淨別人潑給你的污穢，忍痛撕下醜陋僵硬的結痂。

如此，捲縮於硬痂之下的新肉，才有機會重新見到陽光，真正伸展自己，此時，屬於你的最初完好，得以再度歸於你，你與自己的本來面目於是可以重新建立無礙的連結。

改變難？還是不改變比較難？

現在的你，心裡可能正在說，「說得可真容易，要做到何其難！我已經這樣子好幾十年了，我看是算了！下輩子再說吧！」

要不要開始轉換生命歷程中所衍生的負功能模式，你有絕對的自由，假若數十年都只是成天抱怨，卻絲毫不願移動一根寒毛，這也完全是你自己的選擇，沒有人有資格干預。

我只想問你，結痂不撕下來，成天又癢又痛，難道不難嗎？

傷口處理得越妥當，疤痕就越輕淡，倘若隨便塗塗裹裹，即使不發炎潰爛，那塊皮膚必定是醜醜粗粗的，很難回復原有的光滑美麗，時時觀看醜陋的自己難道不難嗎？這對你而言，難道不也是一場馬拉松式的折磨？

全身佈滿硬痂的人，很難學會柔軟。

心靈的柔軟不是可以藉由學習某些技巧而發生，如果不願放下你的不柔軟，柔軟不可能再度回歸於你。

在錯誤的療傷中，你已經不知不覺將結痂當作是防衛用的盔甲。

反正全身上下都是傷，以為這些傷口結的痂，硬度很夠，剛好可以當作打仗用的護身罩。但是硬痂底下直接粘著貨真價實的血肉，痂也不是真的盔甲，所以隨便被碰一下就痛得要命，皮綻血流在所難免，新的傷口依舊不斷出現，舊的痂上面又長新的痂，這個人便成了長滿瘤的硬殼人，全身無處可以觸碰，別人無法接近他，也不敢接近他，因為動輒得咎，不小心更會被痂內的化膿噴到。

這時候，你又要問我了，大部分人不都是這樣在活著嗎？不是都這麼苦嗎？我為什麼要先放棄原來的方式？為什麼是我要先改變？為什麼不是他們先改變？

我同意這種說法，先改變就先認輸，也表示先認錯，也就意味著承認自己的德性不比別人高尚，承認自己比對手差勁，那多沒面子啊！明明就是他傷害我，為什麼要我先改變？

然後你又會說，這世上哪一個人不痛苦？哪一個人沒有煩惱？

是啊！每個人都不時有痛苦煩惱，大家都一樣充塞在需求慾望、比較與恐懼構成的情緒三角形當中，天天都有怨氣，時時都有不安。

如果你抓緊這些作為理所當然的理由，勸自己維持原狀，讓自己相信不必動一隻腳趾頭，就可以得到夢寐已求的幸福，我也萬分同意你。

但是，我不敢祝福你。

生命是你自己的，苦不苦由你自己定義，你至死不改變，也是你自己的事。但是如果你不改變任何的慣性模式，卻可以做到以下的段數，我就萬分恭賀並祝福你！

假若你讓自己仍舊維持與身邊所有陷於苦境的人一樣的行為與思考模式，跟他們一樣受到慾望與情緒的無盡牽引，卻能夠讓自己從不口出抱怨、惡言，從不出現負面情緒，並且能夠無私無怨地愛身邊這些隨時跟跳豆一樣跳來跳去的人，覺得他們都可愛極了，一點都不討厭他們，我絕對同意你維持現有的一切，不需要離開、改變或是放棄什麼。

這時候你可能會說，「您在說笑話！怎麼可能過那種生活，又完全不痛苦？一定是有時快樂有時痛苦，起起伏伏。」

我確實是在說笑話，因為有起起伏伏，所以你沉溺於短暫的快樂與虛擬的幸福，又不忘抱怨經常的痛苦與失望，責罵怪罪那些害你痛苦又讓你失望的人。因為之前有著些許的快樂，所以痛苦來的時候，更顯得強烈，你就更痛苦與不甘心；因為痛苦在前，各種刺激產生的虛假快樂，在相對上，也就讓你更加愉悅了！

如果此人可以在苦境中不為苦所動，不為慾所左右，不以痛苦為材料製造更多負面情緒，他已經徹底轉換了自己。

苦境中重新詮釋過去的生命歷程

因此，在苦境中轉換自我，是你唯一的明智抉擇。

硬痂是過去所留，撕下硬痂的決心與動作就是一種回頭的歷程。

願意回頭重新檢查自己，再一次看見過去的自己，以及生命歷史中與你攸關的人，促發這個決心的驅力，仍舊來自觀照自我的實修。

當真正看見自己生命中的某處包含著惡臭的血膿，你就無法像過去一樣地忽略它的存在，即使你極不願意去處理，它的存在已經成為一個無法漠視的召喚。

回頭的歷程也可以說是一種對生命歷史的重新詮釋，藉由重新詮釋，與自己再次連結。

過去某個時刻的你，對當時的情境與他人對你的對待，必然存在著特定的詮釋，這些詮釋存留在記憶中，如果是好的記憶，就成為支持你的正向能量。

假使記憶讓你傷痛、憤恨，負面的能量就會源源不絕地從這些記憶的原生地不斷竄流而出。

這些讓你痛苦的場景，可能只出現過一次，你卻在往後的日子裡，不斷重演記憶，往後的一生，天天都主動複習當時的情緒，以此記憶為起點，編寫永不落幕的悲憤連續劇。

生命歷史其實就是一連串選擇與詮釋所造就出的，換句話說，你對生命事件所做的詮釋與後續的動作，決定生命軌跡的路線與面貌。

因此，當你決定以某一個痛苦記憶為基點，無止盡地編寫不快樂的劇情，生命將照著你的選擇去鋪陳，倘若你在某一天，因為聽聞了一席話，或是浮現不同角度的思考，決定寫個不同的情節，生命將在那一天，因為你的選擇，鋪陳出異於過往的顏色。

過去一連串的選擇結果，造就了你目前的生命地圖，地圖是你自己畫的，雖然有些顏料是別人給的，能畫的卻只有你自己。

不要怨恨自己總是拿到難看的顏色，不要抱怨總是分到不喜歡的顏色，你可以讓這些顏色毀了你的理想地圖，也可以拒絕去使用它們，卻只是呆呆恨恨地等待別人再給你更多；你卻還有更多其他選擇，可以動身去找尋理想的顏色，也可以拿出你的自主性在拒絕之後，強力要求別人應該給予你值得擁有的顏色，甚至，你可以用別人給你的顏料調製出自己希望的顏色。

總之，生命的最終面貌是你自己選擇的結果，不要把這麼重要的任務交給別人代辦，沒有人可以替你做出最完美的決定與詮釋。

選擇權在你，詮釋權也在你

如果過去做了錯誤的選擇呢？可以反悔嗎？可以修正嗎？當然！

選擇權在你，詮釋權也在你，生命是可以更動的。

生命是一連串選擇串起的，就像是一節節的鏈條，不是一條硬梆梆的木塊。木條一折就斷，鏈條是柔軟的，可以單一替換某一節，取掉某一節也不會完全失去功能。

與情緒重逢就是啟動一個歷程，回頭去檢查生命的鏈條哪裡生鏽了？哪裡顏色褪去了？又是哪一段在騷動自己？哪一段勒到自己的脖子了？你每天拖著生命的鏈條往前走，卻不知道自己後頭拖著什麼，此時變成它拖著你，讓你沉重。所以，回頭看看是什麼讓你沉重？該丟的丟，該換的換，該修的就修好它，你就會再現新貌。

不同的情緒附著在鏈條的環節上，藉由檢視每一個從你所生的情緒，檢修環節上讓你沉重的因子。

但是有些人仍舊做不到，仍舊不能真正地回頭去看、去摸、去聽到自己的來時路，心緒總是走到翻舊帳的那一階就停止不動，沒有辦法捧起舊帳勇敢跨過心門，不敢開門讓急急叩門的情緒走進來，永遠也無法與情緒久別重逢。

你可能很好奇，原因到底是什麼？因為你也僵著脖子回不了頭。我給的答案可能令人驚訝！

慈悲的力量

與情緒重逢的連結鍵是慈悲的力量。

為何你總是僵佇於某處，無法挪動你的身與意？為何你心中有那麼多不甘心？而，這些不甘心讓你咬住某人某事不願鬆口，讓你不願對別人付出善意，同時也甘願讓自己陷於不友善的痛苦情境中。

到底是為什麼？

原因在於你總是不願對自己慈悲，不敢對自己慈悲，因為你不敢相信自己擁有慈悲的力量，更不相信這個力量會降臨於自己；最根本的因素是，你根本不敢相信自己值得獲得慈悲的恩寵，你不敢相信自己沒有拿什麼去交換，沒有累積什麼條件去展示，就值得這樣的無上恩寵。

所以你無法慈悲，對自己！

因此，你怨恨，用怨恨與不甘來包裹原本就存在你本體中，這個既非凡又微不足道的慈悲力量，讓這個力量在生命中逐漸熄滅。

何故不能慈悲對人？也不能慈悲對己？

慈悲不僅僅是對自己好，也不僅是對別人盡心服務，不是擅於佈施金錢，不是容易去可憐別人，也不只是心軟善感。

圓滿的慈悲來自身心安定後的無懼心靈，無懼之心所生出的慈悲，不是看見無依殘缺的人就覺得可憐，不是因為可憐別人才伸出援手。

可憐別人的情緒是來自潛意識害怕自己或親友會變成那般淒絕的模樣，可憐別人也來自比較，從比較中得到「我比他不可憐」的結果，然後心中暗自慶幸，接著可能以隱藏性的高人一等姿態去救助對方，或者以論斷對方咎由自取的步伐輕快離去。

在無懼的慈悲中付出，並無所謂累積功德的願望，並無庇蔭子孫的期待，這時候，慈悲只是慈悲，其他什麼都不是，沒有任何形式可以替代它，沒有任何媒介可以純然傳遞它，所存在的，只有心與身合一之後的慈悲，所展現的力量，這個力量是無垠無邊又無影無形，卻滋養著宇宙的一切。

要知道如何能不懼，應該先問我們為什麼有恐懼？情緒三角形可以回答這個問題。

倘若以恐懼為基點來看，恐懼是來自比較，比輸別人後當然有恐懼，比贏別人後也恐懼，怕不能永遠贏別人；恐懼也來自需求，需求與慾望不斷湧出，可以調度的條件卻難以實現全部的慾望，恐懼於是升起；或是，需求總是可能實現，卻擔心是否可以一直如此維持著，需求的滿足門閥，遂無限度地提高。

因此恐懼可能驅使你去競爭，去掠奪，去累積，當這些都似乎無效的時候，你就去求神、念佛，向耶穌祈禱，去作善事、義工，努力幫慈善團體募款，用你充滿恐懼的慈悲，換取所需要的永恆滿足，最重要的是能夠累積功德福報的點券，證明自己是某個無上神靈的選民，以換取祂賜你無懼的心靈，以及來世可以到某個國度的機票與居留權。

你認為只有祂可以賜給你順遂與幸福，你聽不到祂諄諄地告訴你，祂原本就在你的自性中不必外求，你不願意往內重尋與自己連結的道路，不願意撥開心上的荊棘，再次接收自己的自性光芒，執迷地只是向外頻頻探頭，以為外面有一條路可以通到充滿寶藏的地方，深深相信那個未知的地方，恆久都有你想要的東西。

背著生命垃圾，一心外求安身之所

執著於往外探尋，就無緣清理自己，你日日夜夜駝著背，拖著一袋生命在過去所承接、製造的垃圾，想找一個被允許可以永遠掩埋垃圾的處所。

所有的精力時間都耗費在揹負與尋找，你能有力氣對自己好一點嗎？你能有多餘的思緒觀照自己嗎？你能有多餘的能量對自己慈悲嗎？

所以，你對自己不能慈悲，也無法慈悲對人，真愛既無法升起，真情也無能流動，你永遠只想找到另一個袋子可以傾倒你的垃圾，只想找個願意幫你揹垃圾的人，不幸的是，找來找去遇來遇去都是揹著一袋滿滿垃圾的人，誰有力氣揹你的？

因為不能對自己慈悲，你也不能相信，自己原本就是被允許可以原諒自己，你更以為自己不可能被別人所原諒，巨大的罪疚感在原諒與不原諒之間氾濫，當然你也不相信自己具有原諒別人的能力，所以也難以真正原諒了別人。

當你不敢原諒，不論對象是自己或是他人，你就無法展現存在於自性中的慈悲；只要恐懼還在，就不能讓自己原諒，只要一天不能原諒，你就繼續存在於被傷害的恐懼中，不斷重演過去的恐懼，不停製造當下的恐懼，也無法止息自己去編寫未來的恐懼，恐懼像一堵牆，堵住了慈悲的出路。

相信我，你可以對自己慈悲，不用等著誰來應允你，自己應允自己的無上慈悲為你指引，讓它成為一盞燈，帶著你的心燈，回頭看見自己，找一個安全的角落，停下來倒出袋中的所有，在燈下一樣一樣挑出來檢視，讓它們在慈悲心燈的照耀下，消融於虛空中。

你的袋子空掉了，沒有吃愛的恐懼蟲睡在裡面，才裝得進自己的愛，也裝得下別人送你的愛，空性生出的慈悲與愛，所展現的實質存在，是任何靠鑽戒玫瑰傳遞的愛所無法比擬的。

婚姻中的恐懼

這是最後一課了，應該將故事回歸於我，先從我的恐懼說起吧！

在婚姻中我經歷了此生最大的恐懼。

說起我的婚姻，不必再提起我在婚姻中承受的對待，只消說婚後半年就突然大量尿血，治療一年多以後才在榮總醫生的診斷下判定是心身症，就可以想像我過的是什麼樣的精神生活。

這種心身症叫做間質性膀胱炎，差不多是一種可以讓人生不如死的毛病，但是又不至於臥病不起。在確認得到此症之前，我已經很久都沒有笑容，特別是在那個被稱作「家」的地方。一直到一九九七年底搬去中國，沒有與前夫家公婆同住，間質性膀胱炎才不藥而癒。

為了與前夫擁有一個自己的家，我放棄在台灣的發展機會，甚至打算放棄快完成的碩士學位，遠赴廣州與外調中國的前夫會合。

然而，在中國又出現新的問題情境，前夫某些過去未曾顯露的習性逐漸浮現，過去婆媳角色導致的創傷仍舊不時作痛；特別是在孩子出世後，他過去潛藏著的更刻板的性別傾向，完全顯露出來，孩子滿月後，我就成為假性的單親媽媽，而且是一個在中國無親人無資源的媽媽，在體力耗損、精神抑鬱的生活中，與坐骨神經痛、風濕性關節炎奮戰，他一個月至少半個月以工作做為理由而不回家。

我必須全天二十四小時一個人看顧體弱的孩子，接著，我很不情願地發現自己已經有了憂鬱症傾向（不是產後憂鬱症）。

常常抱著孩子呆坐著，不由自主地升起絕望的感覺，這樣的心緒讓我著實惶恐，覺得自己像一段漂浮在亂流中的浮木，孩子竟是我唯一的依靠。

我從小就反骨，這對我來說是靈魂的重要能量，但是在意識深處有時也敵不過父權社會價值與意識的催眠，所以傳統的女性行為模式也深植我心，所有在傳統婚姻中，女人應該做的事，我都努力演出，可悲的是我有一個不能節制自己挑剔行為，苛責技術又無比高竿的婆婆。剛開始我還可以在距離之外觀看她的舞弄，不為她所傷害，但是日日夜夜的攻擊，即使是一個有教育背景的專業者都不堪肆虐而潰敗，那個所謂的家，成為我的無間地獄。

當我求助於公公的時候，平常溫柔敦厚卻常對炮火視而不見的他，張口說著：「你不是學這個的嗎？應該自己會消化啊！怎麼連這個都不會處理？」

求助的結果不過又捧到另一碗的貶損，女人是生來捧別人家的飯碗，夫家人餵你吃什麼，即使刺穿了咽喉，你能不生吞下去嗎？

一個飽受著攻擊的媳婦，她最大的錯誤就是竟然不能默默無聲地被蹂躪。殺人者無罪，淌血者反而被怪罪：「你為什麼讓你的血流出來！女人不應該有血淚的！」

當我無助地蹲坐在生命的谷底，眼見前方是無能攀登的高峰，回頭又見創傷堆積成的巨崖，我自問，難道我跟孩子就這樣一輩子困在這裡嗎？誰能救我們脫困？那些將我們推落的人，只顧著站在山頂上叫囂侮辱，還有誰能救我？除了絕望，我還能擁抱什麼？

我蹲踞著，希望可以給自己一點溫暖，為了孩子，我一定要找到救自己的路，似乎是四面絕境的困頓讓我發現，最椎心的痛其實來自我自己，來自內在反骨的自我與被父權社會化的自我，在靈魂深處互相發功，想消滅對方。

原來，傷害我最深的不是別人，而是自己。

當我發現，是自己拿著別人射來的箭，不斷刺傷自己的時候，原本極度憂鬱，長久都流不出一滴眼淚的我，終於讓所有的傷痛伴著大聲的號哭宣洩而出。

如果傷害我最重的就是我自己，那我就有救了！

除了自己，誰可以幫助我不再傷害自己。反骨的深層動能，此時成為一股強大的自我觀照力量，三十年的反骨不再是生命的騷動，而是履及生命的安定力量。我揭開一道道傷痕，開始重新詮釋過去一件件的痛，綴補襤褸的自我完整性，重新拼貼破碎的自我。

大量閱讀可以自我治療的書籍，在禪坐中深刻觀照自己的內心，一關一關逆轉自己的情緒。有一天，我發現對婆婆的情結，原來不是憤怒，而是深層的巨大恐懼，我發現她射向我的箭，因為正中過去植入的情緒臍帶而加重傷勢，情緒臍帶來自我的原生家庭。

在越來越深刻的自我觀照中，發現自己從小對不確定感的恐慌與焦慮，這份焦慮加深我對環境不利因素的脆弱與無效的反映，而這些反映都是內射的，讓傷口落得更深，鮮血淌得更多。

沉潛於斷續不已的觀照歷程，過往的傷口逐漸癒合，陳年的結痂一塊塊撕下，身體與心理健康逐漸復原，但是對前夫的不滿及失望，逐漸轉為深深的絕望，隨著我的復原，對他幾乎不再持有任何期待。單親媽媽獨立生活的預演，也讓我覺得如果婚姻狀態中的此人是如此不堪信任，就不需要再對這個婚姻有任何期待。

在所有的努力都無效之後，我決定放棄此婚姻，認清了有些關係是永遠不可逆轉的，從此我與兒子的朗朗天空彷彿唾手可得，我也在這段婚姻中練就一身絕技。

單親的生活充滿壓力，但是心卻是清朗的，貸屋而居、粗茶淡飯卻如置身佛國。

絕望，讓人仆地不起

若說情緒的初始面貌是恐懼，情緒讓一個人仆地不起的面目就是絕望。

當你用扭曲撕裂的聲調問自己與對方：「為什麼要這樣對待我？」絕望的情緒就像沙漠中的雷電，轟然一聲讓人在剎那間也想結束自己的生命，隨著雷電而逝；有時候，絕望卻像綿綿的細雨，沾滿了臉龐，泅藏於髮間，滿身沾染，卻無能拭去，任由爬滿心頭。

絕望其實不是絕望，而是一種對生命的莫名堅持，因為堅持些什麼，相對於所堅持的無能展現，所以才有與堅持一般巨大的絕望。

然而，也因為我還保有一份對生命的堅持，才可以走出迷霧。

如果你不曾堅持，哪來的絕望？如果可以看清楚自己真正堅持什麼？絕望是一個真正的開始，就如同死亡一樣，你可以在看清當下處境之後，另覓完成堅持的途徑，無須苦苦執著於淤滯的河道。

在重建自我的堅持中，我學會了如何與自己重逢，找到蟄伏於靈魂深處的慈悲，學會了如何對自己慈悲，如何善待自己，學會以慈悲餵養以前一直以為是無窮盡的苦楚。

苦，都是別人給的嗎？

苦，是另外一種情緒面目，是混合的，只知道喝下去非常非常苦，卻不知道自己為什麼覺得苦，你以為苦是來自某人對你的對待，你的苦來自房子不是自己的，來自銀行的存款不夠多，來自孩子不夠成材，丈夫不夠愛你，反正所有的苦都是別人給你的！

如果你一直都用這般的思維在觀看你的苦，你變成吸苦的強力磁鐵，苦只有越黏越多，這些苦啊！才捨不得離開你。

苦吃多了，情感味覺就越發遲鈍，哪一天吃到什麼甜頭都無法感覺到甜味，愛送到口邊都變成炭火，無法入口。

苦，亦是對生命狀態的不滿足，是相對的，因為你的設定，讓你對後來發生的狀況不滿意，這些設定不一定有錯，卻讓你苦不堪言，又怨聲載道。

解決苦之前，必須先學會分析你的苦有什麼成分，簡單說，就是分析你的苦中有哪些情緒？你有憤怒嗎？你悲傷嗎？你忌妒嗎？你又恨又不甘心嗎？

知道了苦是哪些成分調製的，才能一一去解苦，針對每一種苦找到解藥去對治，苦是果，找到因，才能止斷果的滋生，這些因就是情緒的根源。

願意善待自己，願意對自己慈悲，才能去除你的苦，才能找到讓你苦的原因，因為只有對自己慈悲，才可能與自己重逢。

慈悲的對象是人？還是角色？

當你嘗試對自己慈悲的時候，請你仔細看看，你慈悲的對象是你日日所扮演的角色？還是真正的你？當你對別人展現愛的時候，你付出愛的對象是此人在你面前演出的角色？還是真正的他？

你是愛著作為丈夫的角色？還是愛這個此世是你丈夫的男人？你愛的是這個女人，所演的太太角色？還是愛這個今生是你妻子的女人？

你是否只能將自己當作是某個社會角色來對待？只能把自己當作媽媽、爸爸、媳婦、員工，還是你知道這些角色不過是短暫、階段性的任務，真正的自己是個不折不扣的血肉之軀，不只是這些角色而已。

你能夠把自己當成人來看待嗎？你能夠將別人當成人來看待嗎？你被週遭的人當作人來看待嗎？他們把你當作一個人？還是一個角色而已？

人不是角色，千萬不要把自己與不同的角色畫上等號，不要將自己與社會角色緊密重合，這樣的你，不能成為一個人，也不會被當作是一個真正的人。

若你老是讓你的角色鳩佔鵲巢，當你被愛時，是你的角色在被愛著，不是真正的你，所以你這個人難以實然承接到別人對你的愛，愛通通倒入你的角色裡，而你只能撿拾掉在外面的碎屑。

當你愛別人的時候，也只是愛著他所扮演的角色，真正的他難以真切感覺到你的愛，他察覺不到你送給他的溫度與質量，因為你給愛的對象根本不是他，所以他也不可能相對回報你；你因此而怨恨，因此而痛苦，卻不知道為什麼？他也怨恨，怨恨你都不愛他，似乎應該很幸福，卻不知道為什麼不能感受到你的愛？

倘若你永遠只見到自己是一個角色，將不可能與自己建立真正的連結，如果你看到的別人，也都只是某個角色，只做角色性的應對，也不能跟他建立真正的關係，人際之間真正的互動，很難形成，真誠的關係難以發生，親密關係經常充滿怨懟。

情緒的根源不僅僅是某個事件，也不僅僅是某個讓你產生情緒的人，情緒的根源只可能在你身上，不在他處，導致情緒的因，只是你自己，是你看待自己與世界的方式，不是別人。

所有的因，都隱身於得以與情緒重新連結的小徑，等你來蒐密。

待一一探訪了老友，你將收到自己過往藏下的禮物，禮物中包裹著你此生的生命課題，生命禮物將娓娓說出你降生此世界的密碼，你到底是「誰」，將了了於汝心；此時，追尋自己，何假他人？

跋

安頓，你的心燈

張滯文

錯亂的時代，人心惶惶，尋不著立命之處，如何安頓無助絕望的靈魂？

錯亂的時代，幸福卻如沙漠中消失的清泉？如何安頓飢渴匱乏的身心？

錯亂的時代，清明卻如芯斷油枯的油燈？如何安頓探不光明的眼眸？

錯亂的時代，憂鬱因素如同風中的蒲公英，隨時在不經意的某一秒鐘，降落在你的心靈沃土，在不經意中開花結果，讓你也成為一株散發憂鬱的蒲公英。

誰不渴求不間斷的幸福？誰不想要永遠不變的快樂？

然而為何追求快樂的意念與行為，常常只是製造了短暫的快樂，更多的錯亂與負面的情緒，如常地在快樂後面排隊等候，綿綿地不請自來呢？

因為，你的心頭，有一盞燈，尚未點亮。

想要得到甘醇芳香的幸福，需要提著一盞明燈去探尋；前路未嘗照亮，心中明燈未點，你怎知他人為你指出的路上，有你的幸福寶藏？如何在闃黑中，發現想要的幸福？

先為自己點一盞心燈吧！這盞燈不是在寺廟的大佛跟前，也不是在你家的神案上，這盞燈原本就在你心頭。

點燈的火苗在於你的用功，對你的心用功，覺察在每一個當下，在每一個當下看見自己的情緒，覺察自己的欲望，安頓自己的斷續不止的意念。

覺察與安頓，不是讓自己靜如止水，不起思惟，沒有一絲起心動念，而是對心中不能停止的種種喜怒哀樂，隨時升起的無數個想要、需要與厭惡，都能了了分明，你看到的不再是混沌不清的自己，而是清楚明白而活著的自己。

在用功當中，也包括接納，接納生命中種種發生過的事情，既然發生過就不可能真正被人遺忘，假裝遺忘或是永遠用初發生時的情緒來記憶，純然是一種對自己不負責的行為。

發生過的往事，永遠無法更改，然而，你卻握有詮釋歷史與生命的絕對權力。誰能夠詮釋你的命運呢？

除了你自己，還有誰有資格？

雖然，我們經常無法拒絕逆境的拜訪，即使如此，在「如何面對逆境」這個課題上，永遠沒有人可以剝奪你的絕對主控權力。

有些人喜歡將過往那些不想接納的一切，都詮釋成是別人對不起自己，多年來都懷抱著哀怨與恨意；或者深深相信自己就是業障深重，所以活該要如此歹命，看待自己如同一雙沒人要的破鞋。

你卻也可以將這一切不請自來的磨難，詮釋成是上天恩賜給你的禮物，種種逆境可能激發你不曾發現的潛力，開啟了全然不同的選擇，而這一切只是為了圓滿此生的學習。

如果多年之後，依然無法接納曾經的發生，就永遠無法從困境與負面情緒中甦醒；如果多年之後，在多數人的協助下，當初造成憂鬱無助的現實困境已經不再存在，而你依舊憂鬱纏身，怨氣環繞，容我說句不客氣的話，此時，是你自己不願從頹敗陰霾中爬出，再也怨不得別人，更怨不得老天沒有眷顧你！

我們的心靈一直都是一方沃土，不管是憂鬱、憤怒等負面情緒，或是歡喜、快樂之類受歡迎的情緒，都只在這心靈沃土紮根茁壯，而這方土地的主人，是不是善盡了看顧、觀照自己的責任呢？

或，總是放任負面情緒的種子任意發芽生根，佔領了幸福的田畝，荒蕪了一片良田？

點上燈，照顧你的心田。點燈之法，就在這裡，快點亮心頭的那盞燈，不要遲疑！提著你的心燈，照亮你的幸福，一輩子的安頓不在別處，就在暖暖的、明亮的，你的心燈之下！

四月女巫潸文 二〇〇九年三月于砂勞越　雨夜重修

106-96

台北市大安區忠孝東路四段341號11樓之3

廣告回函
台北郵局登記證
台北廣字第1061號

信實文化行銷有限公司 收

姓名：

地址：

○○○-○○

高談文化、序曲文化、華滋出版 讀者回函卡

謝謝您費心填寫回函、寄回（免貼郵票），就能成為我們的VIP READER。未來除了可享購書特惠及不定期異業合作優惠方案外，還能早一步獲得最新的新書資訊。

姓名：＿＿＿＿＿＿ ○男 ○女 生日：＿＿年＿＿月＿＿日
E-mail：＿＿＿＿＿＿
職業：＿＿＿＿ 電話：＿＿＿＿ 手機：＿＿＿＿

[購買書名] ＿＿＿＿＿＿

[您從何處知道這本書]
○書店（□誠品 □金石堂） ○網路or電子報 ○廣告DM
○報紙 ○廣播 ○親友介紹 ○其他

[您通常以何種方式購書]（可複選）
○逛書店 ○網路書店 ○郵購 ○信用卡傳真 ○其他

[您對本書的評價]
（請填代號：1.非常滿意 2.滿意 3.普通 4.不滿意 5.非常不滿意）
○定價 ○內容 ○版面設計 ○印刷 ○整體評價

[您的閱讀喜好]
○音樂 ○藝術 ○設計 ○戲劇 ○建築 ○傳記
○旅遊 ○散文 ○時尚

[您願意推薦親友獲得我們的新書訊息]
姓名：＿＿＿＿＿＿ E-mail：＿＿＿＿＿＿
地址：＿＿＿＿＿＿ 電話：＿＿＿＿＿＿

[您對本書的建議]